U0684408

墨香满楼——编著

影响中国古代历史的

帝王

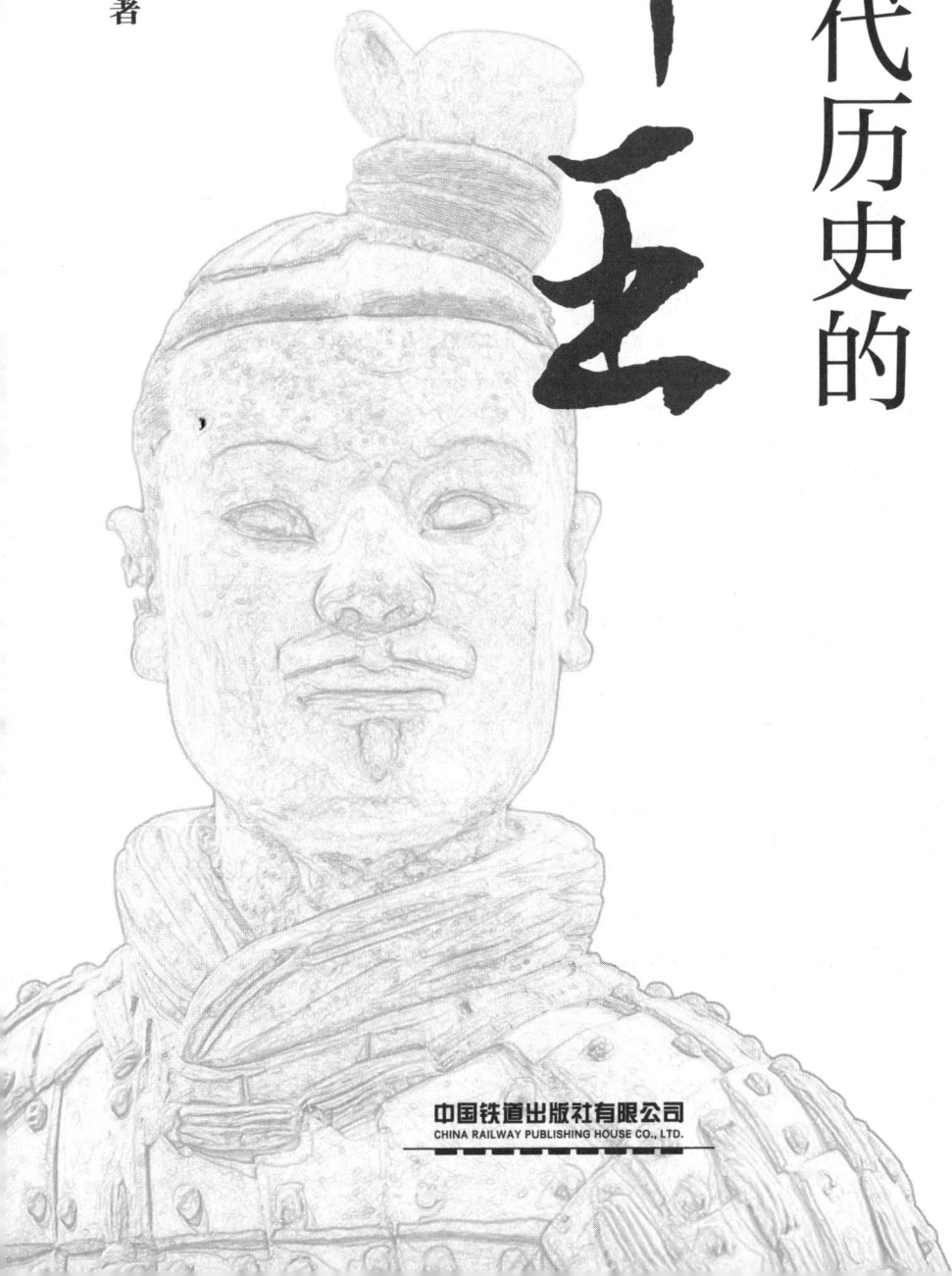

中国铁道出版社有限公司
CHINA RAILWAY PUBLISHING HOUSE CO., LTD.

图书在版编目(CIP)数据

影响中国古代历史的帝王 / 墨香满楼编著. -- 北京：
中国铁道出版社有限公司，2025. 7. -- ISBN 978-7-113-
32331-8

Ⅰ. K827＝2

中国国家版本馆 CIP 数据核字第 2025LX0515 号

书　　名：**影响中国古代历史的帝王**
　　　　　YINGXIANG ZHONGGUO GUDAI LISHI DE DIWANG
作　　者：墨香满楼

责任编辑：冯彩茹　　　　　电话：(010)51873005
封面设计：刘瑾萱
责任校对：苗　丹
责任印制：赵星辰

出版发行：中国铁道出版社有限公司 (100054，北京市西城区右安门西街 8 号)
网　　址：https://www.tdpress.com
印　　刷：河北宝昌佳彩印刷有限公司
版　　次：2025 年 7 月第 1 版　2025 年 7 月第 1 次印刷
开　　本：710 mm×1 000 mm 1/16　**印张**：12.75　**字数**：175 千
书　　号：ISBN 978-7-113-32331-8
定　　价：88.00 元

前言

"一只南美洲亚马孙河流域热带雨林中的蝴蝶，偶尔扇动几下翅膀，可能在两周后引发美国得克萨斯州的一场龙卷风。"

这便是闻名中外的"蝴蝶效应"。

对于它，我们可以用西方的一首民谣做一个形象的说明。

丢了一个钉子，坏了一只蹄铁；

坏了一只蹄铁，折了一匹战马；

折了一匹战马，伤了一位骑士；

伤了一位骑士，输了一场战争；

输了一场战争，亡了一个帝国。

也就是说，一个极其微小的变化，都有可能造成无限大的后果。

站在历史的角度，蝴蝶效应同样适用。

无论是帝王将相，还是平民百姓，他们做的某件事，可能都会对未来造成一定的影响。其中，作为一国之君的帝王，拥有至高无上的权力，他们给后世带来的影响，无疑是最大的。

在中国古代，由于制度的限制，很大程度上国家的命运与帝王有直接的关系。

如果帝王是一位贤明之主，那就是江山之幸，百姓之福。

如果帝王是一位昏庸之主，那就是江山之灾，百姓之难。

与之相关的，就是在未来，他的所作所为所引起的连锁反应。

秦始皇建造的万里长城，成为后世中原统治者的屏障，阻挡了北方游牧民族一次又一次的侵扰，现在成为中华文明的瑰宝。

汉武帝听从董仲舒的建议，罢黜百家、独尊儒术，一举奠定了儒家在中国古代的重要地位，成为后世帝王统一百姓思想的有力武器。

隋文帝杨坚确立的三省六部制，一直沿袭至清朝，此制度对后世乃至今天的政府管理体系仍有深远影响。

隋炀帝杨广创立科举制，是社会人才选拔制度的一大进步，更是对后世有着深远影响的一大创举。

崇祯帝一纸撤销驿站的文书，使李自成成为无业游民，走上造反之路，大明朝亡于他手。

乾隆帝实行"闭关锁国"政策，严重阻碍了社会的发展，致使近代中国百年积弱，饱受外族欺凌。

诸如此类帝王对中国历史的影响，都对后世造成不可估量的影响。

纵观历史，无论帝王是贤明还是昏庸，他们的种种作为必定会深刻影响国家民族的兴衰。

《易》曰：君子慎始，差若毫厘，谬以千里。

当时光回溯，如果举措不再实施，制度不再更替，帝王不再是帝王，那历史会变成什么模样？

一切皆在本书中！

作　者

目录

第一章

开国帝王

史上第一位皇帝——秦始皇嬴政

秦始皇嬴政，是中国历史上第一位皇帝。虽然神州大地上已有三皇五帝、春秋五霸，但论统治疆域，都无法和他相提并论。他一手打造了中国历史上第一个大一统的王朝，改分封制为郡县制，结束了春秋战国以来长期的割据混乱局面。于是，他的大臣认为他的功德超过了三皇五帝，就从三皇和五帝里各取一字，合称为皇帝。由于他是第一个皇帝，因此称为始皇帝。

虽然他有如此大的功绩，但名声却不是很好。后人在提起他时，总认为他很残暴。焚书坑儒，修长城、修地宫，害死无数人。焚书坑儒被后代读书人骂了几千年。至于修长城，有一个"孟姜女哭长城"的传说，说的是孟姜女的丈夫被拉去修长城，死在工地上，尸骨也被埋到了长城里。孟姜女知道后，去寻夫，跑到长城边放声大哭，把长城都给哭倒了，非常感人。

但是，这些事究竟是不是真的呢？

往事已过千年，历史的云烟让我们看不到它的真实面容。因此，我们尝试着找出秦始皇最惹人争议的几件事，努力拨开迷雾，还原真相。

身世之谜

史书上说，秦始皇是秦庄襄王的儿子。但有很多人怀疑，他是商人吕不韦的儿子。

这真是咄咄怪事。一位王子，一位后来的帝王，如何会和一名商人扯上关系呢？

这就要简单介绍一下吕不韦了。

吕不韦是一名大学问家，他后来曾主持编撰了一部书叫《吕氏春秋》。杂糅诸子百家的思想，"兼儒墨，合名法"，因此被称为杂家。据说此书编成之后，他把书悬挂在城门上，声称有谁能改动一个字的，就赏赐一千金，可见其学问非常深厚（这便是"一字千金"这个成语的由来）。

除此之外，他还有一个更重要的身份——商人。

吕不韦做生意，最擅长的就是低价买进，高价卖出。当然，有人会说，做生意不都是这样吗？谁都是低价进高价出，这有什么。但要注意的是，市场的行情是会变化的，低价买进，等想卖出的时候，说不定更低了。做生意，也是一门大学问，不是人人都可以的。要想保证一直赚钱，没有强大的市场预测能力和超凡的远见，是不可能的。

吕不韦靠着对商品特有的敏锐感觉，他往来贩卖，成为巨富。

当吕不韦在各个诸侯国之间游刃有余地赚差价时，有一天，他在赵国，看到了子楚，子楚就是后来的秦庄襄王。但是当时的子楚很落魄。因为他是秦王的庶子，不受父母重视，所以被送到赵国当人质。他在赵国生活条件非常差，车马不齐备，基本的日常生活需求都得不到满足。

吕不韦看到后，动脑分析了一番，非常高兴，心想，这人是一件奇货啊，可以囤积起来，以后能卖个好价钱（成语"奇货可居"的由来）。

之后他到子楚那里，对子楚说："我可以光大你的门庭。"

子楚一看，是一个商人，就不高兴地说道："你先把自己的门庭光大了，再来光大我的门庭吧。"

吕不韦道："你不懂，只有你的门庭光大了，我的门庭才能光大。"

子楚一听，话里有话，就把吕不韦留下来深谈。吕不韦说："我听说秦王老了，立安国君为太子。安国君没有儿子，非常宠幸华阳夫人。因此将来再立太子时，权力就在华阳夫人手中。你有二十几个兄弟，如果正常竞争，怎么也轮不到你。如果你讨好华阳夫人，得到了她的欢心，将来就有很大的机会当上太子。"

眼光如此深远，把生意都做到了下一代国君的头上，真是非常了得。

子楚发愁道："你说得不错，但是我没钱啊，怎么讨好别人？"

吕不韦道："我有。我会去秦国为你游说，让华阳夫人立你为太子。"

子楚听了，向吕不韦磕头拜谢，并许诺此事如果办成了，将来和吕不韦共享秦国国土。

在吕不韦的努力下，子楚被立为太子，名声也越来越大。

有一次，子楚到吕不韦家喝酒，被吕不韦的一个姬妾所吸引，当时十分心动，于是向吕不韦要这名姬妾。这名姬妾是吕不韦很宠爱的赵姬，已经怀了吕不韦的孩子，因此吕不韦不想将她送给子楚。但转念一想，他为子楚已经耗尽家财，在这个时候得罪他不合适，就忍痛割爱，把赵姬送给了子楚。

赵姬到了质子府，不久之后，就生下了一个儿子——这就是后来的秦始皇嬴政。因为她是在被送进质子府后九个月就生下了孩子，不符合女人怀胎十月的常理，所以后来有的史家就认为，秦始皇有可能是吕不韦的儿子，而不是子楚的。

焚书坑儒

焚书坑儒是令后代的读书人最痛恨的一件事，大家都觉得这是一场文化灾难，许多古书典籍都毁在那场灾难里。但事实上，并非如此。

这场灾难，其实是源于一次官员的阿谀奉承行为。

秦始皇三十四年（公元前 213 年），秦始皇下令在咸阳宫前摆酒，然后让七十个博士上前祝寿。那时候的博士那是名副其实的博学之士。一个叫周青臣的大臣向秦始皇拍马屁说："陛下，秦地以前不过方圆千里，现在仗着陛下的威德，拥有了天下，改诸侯为郡县，百姓安居乐业，不用再担心打仗，这都是陛下您的功劳啊。"

秦始皇听了，很开心。

齐国的一个博士淳于越说："微臣听说以前的殷商和周朝都是封

子弟功臣为诸侯，这样就可以相互辅助。现在不学习古人，而擅自改成郡县制，恐怕不会长久啊。周青臣这个人，阿谀奉承，不是忠臣。"

秦始皇听了，就让大臣们讨论这件事。

丞相李斯说："陛下开创大业，是万世之功，这些臭儒生们如何会懂？ 以前诸侯都在的时候，整天找一些纵横家、说客来往鼓动人心，这其实就是天下大乱的源头。我请求陛下下令，把诸侯国的历史都给烧了，除了博士们，天下百姓家里的所有《诗》《书》百家语，都烧掉。只留下医药、种树、占卜的书籍。百姓想学法律，就找官吏当老师。有敢说《诗》《书》的，通通斩首。有谁敢拿古代讽刺现代，就灭他的九族。"

秦始皇说："好。"

于是，焚书运动就开始了。

由此可见，焚书的主要原因是儒生不赞成郡县制，而赞成分封制。而它的始作俑者，正是郡县制的倡导者——丞相李斯。但书并不是全部烧掉了，朝廷里都有备份。因为他要的效果是"以愚黔首"，不准老百姓读，但博士是可以读的，统治阶层都可以读。如果他们也不读，那岂不是和老百姓一样了。

而且所谓的百家语，也不是通常认为的诸子百家的文章，而是纵横家的文章。这些人的言论对于社会的稳定性造成的威胁最大，从后来道家、儒家、墨家、名家的经典流传度来看，当时并未焚毁。有可能焚毁百家之书的，倒是后来的大英雄项羽。因为他进了咸阳之后，放火烧阿房宫，大火三月不灭，如果说焚书，他才是焚书的祸首。

至于坑儒，则更是污蔑。

秦始皇一心想成仙，非常迷信方士和术士，他认为这些人能带他找到神仙真人。以至于他都不自称为"朕"，而是自称"真人"。于是很多居心不良追名逐利的术士们纷纷投其所好，自称可以与神仙相通，能够得到仙丹灵药。这些人在骗到钱财之后，往往法术不灵。按照秦朝的法律，法术不灵验，仙丹不管用，那术士就得死。自然，放到任何一朝，这都是欺君之罪。于是侯生、卢生两个术士就打算逃亡。逃跑前借着儒生的口吻，把秦始皇骂了一顿，结果事情败露，卢生逃跑，侯生被抓。秦始皇在得知他们的谈话内容之后大怒，说："我费尽心思把这些术士请来给我找神仙，结果他们反倒在背后诽谤我。"于是下令把相关的四百六十名术士全部杀死，罪名是妖言惑众。

因此，所谓的坑儒，其实和读书人没有半点关系，坑的都是术士。而且需要特别指出的是，所谓的"坑"，并不是指活埋。而是由古字"阬"变化而来。秦始皇杀了这些术士，为了以儆效尤，就把他们的尸体堆在一起，放到路旁，让过往的人们看。如果活埋了，就失去了直观的震慑作用。就好比项羽一夜之间坑杀秦国的降卒二十万，如果真是活埋，现挖坑都来不及。事实上就是把人全杀了，然后把尸体堆在一起，用来震慑人。

修长城

虽然封建社会里历朝历代都多多少少地修过长城，但被骂得最狠的，却是秦始皇。

秦以前，各诸侯国都修了长城，秦始皇是在他们的基础上，把这些长城连在了一起，使它成为一个完整的防御体系。

当时有一个术士对他说："亡秦者，胡也。"

他认为，胡，就是胡人，也就是匈奴人。

这是导致他修长城的主要原因。始皇帝为了自己的江山不遗余力。他认为，国家统一了，南方也就不需要防备了，主要的外患来自北方。

于是，他一边派蒙恬带领三十万士兵，把匈奴赶到大漠；一边大肆征用民夫，修长城。当然，在那个年代，工程技术极其不发达，在崇山峻岭上修筑这么大的工程，那些巨石全是靠老百姓的人力搬上去的，怪不得他挨骂。

但是，在后来的历史长河里，长城在抵御北方民族的入侵时，还是起到了很大的作用。只要城门紧闭，他们的铁蹄就难以踏入，尤其是在冷兵器时代。

不过，挡住了外敌，却挡不住内乱。有了雄伟长城的秦朝，只维

影响中国古代历史的帝王

持了短短十五年，就被一群拿着锄头的农民给推翻了。

百姓、人心，才是最坚固的长城。

但是，除去这些劣迹，总体评价秦始皇，我们还是不得不感谢他。他统一度量衡、书同文、车同轨，为中国的经济文化发展作出了巨大贡献，光是统一文字，就省去了许多麻烦。他开疆拓土，对中国历史的发展产生了深远的影响。纵观其一生，瑕不掩瑜，他堪称千古一帝。

高明的政治家——汉高祖刘邦

纵观历史，由一介草根登顶帝位，并开创一代王朝的人屈指可数，而刘邦就是其中一个。

众所周知，刘邦年少时不务正业，整日吊儿郎当，到了四十岁才勉强混上泗水亭长的工作，连他爹都看不上他。

更糟糕的是，都人到中年了，还没媳妇，幸亏之后因为天生异相被吕公看上，才娶了他的女儿，有了自己的家庭。

难以想象，正是这位仁兄，在之后的天下大洗牌中力压群雄，脱颖而出，开创了一代皇朝。

大家试想一下，从平民登上帝位，是一件多么困难的事情，但刘邦做到了，他打败了西楚霸王项羽，成功登顶，是史上最了不起的"草根逆袭"的成功案例。后世对他的评价很高，"一个高明的政治家""是封建皇帝里最厉害的一个""豁达大度、从谏如流的英雄人物"。正是这位英雄人物，在登顶的道路上披荆斩棘，用智慧渡过一个又一个难关，最终登上帝位。

在司马迁的笔下，刘邦就是一个无赖。他身无长物，却走上权力的巅峰，深层次的原因值得研究。那到底是为什么呢？一段典故为我们揭开谜底。

刘邦打败项羽之后，曾经跟自己的部下聊天。他向部下提出一个问题："我和项羽争天下，最后取得胜利的为何会是我？"

这时，刘邦手下有两个敢说实话的人站了出来，一位是高起，一位是王陵。他们说道："这是因为您打下一个地方之后，就会把这个地方分给我们，所以我们愿意拥戴您。您得到了人心，所以天下就被您所得。"

刘邦说："你们只知其一，不知其二。"刘邦认为，会用人是他取得胜利更重要的原因。他说："运筹帷幄之中，决胜千里之外，我不如子房；镇国家，抚百姓，给馈赏，不绝粮道，我不如萧何；连百万之众，战必胜，攻必克，我不如韩信。这三个人是天下最为出色的人才，但都为我所用，所以我才能夺得天下。而项羽刚愎自用，只有一个范增，还不能尽用，所以他失败也在情理之中。"

通过这段典故，可以总结，刘邦之所以能够取得最终的胜利，可以用四个字来概括，即"领导艺术"。

张良、萧何、韩信三人被称为汉初三杰，在各自领域的成就可谓是登峰造极。虽然刘邦比不上这三位人杰，但刘邦就像一块吸金石，能把这三位人杰吸引到自己的身边，并为之所用，这正是他的高明之处。

至于刘邦为什么能够做到这一点，从他的领导艺术中就可以知道。

举一个例子，在鸿门宴之前，张良从项庄那里得知项羽要前来攻打刘邦的消息后问刘邦："您觉得可以打败项羽吗？"刘邦的回答是"固不如也"，也就是打不过的意思。试想一下，作为首领，在下属面前承认打不过别人，是不是非常没有面子？但这就是刘邦对待属下的一大特点，坦诚相待，实话实说，哪怕丢面子，也要给予属下尊重、信任。正是如此，刘邦才会得到下属同样的回报——尽心尽力地为他出谋划策。

能说明刘邦充分信任手下的还有一个典故。这个典故和刘邦手下的大谋士陈平有关。

陈平来到刘邦帐下之前，曾先后在魏王、项羽的手下任职。因为不能施展自己的才能，最终投奔刘邦。当时，刘邦见陈平来投，"大悦之"（非常高兴）。

他问陈平："先生在项羽的帐中担任什么职位呢？"

陈平答道："担任都尉一职。"

刘邦说："好啊，那你在我这还是做都尉吧！"

任命公布之后，军中一片哗然。那些早前就跟随刘邦打天下的人非常不满，排着队来刘邦这说陈平的坏话，诸如喜欢贪污受贿、个人作风不检点之类的话。

但刘邦却对此不予理睬，坚持信任陈平，并对他委以重任。

试想一下，一个曾两度易主的人，竟然在刘邦这里受到如此重用，是不是很不可思议。如果换成项羽，估计陈平早被拉出去处死了。

信任的结果很快得到了回报，当刘邦被项羽围在荥阳时，陈平向刘邦献出反间计，成功铲除了项羽的左膀右臂。

反间计的实施需要建立在金钱的基础上。当时，刘邦听了陈平的计策之后，二话不说，立即拨黄金四万两，让陈平亲自办这件事。

刘邦把四万两黄金交给陈平时说："这些黄金交给你了，随便用，不用报账，不用审计，只要你把项羽打败，节约下的钱就归你了。"

对于当时的刘邦而言，四万两并不是小数目。但他能够在得知陈平喜好金银之后，把这些黄金交给他，充分表明他对陈平的信任。疑人不用，用人不疑！ 这也是一种高超的领导技巧。而陈平也没有辜负刘邦的期望，成功地挑拨了项羽和范增、钟离昧的关系。

除了尊重和信任之外，刘邦的高明之处还在于能够用人所长，避其所短。这一点，从刘邦的知人善任上就能看出。张良，祖先五代相韩，韩国贵族，擅长于权谋之术，所以是谋士；萧何，起步于沛县县吏，拥有丰富的基层工作经验，行政组织才能出众，所以负责粮草；韩信自幼熟读兵书，有带兵之勇，所以为大将军。而这正是因为刘邦善于用人之长。如果说这三人成就了刘邦，反之，刘邦也成就了他们三人。

老父搭台我唱戏——晋武帝司马炎

司马炎，字安世，河内温县（今河南省焦作市温县）人，晋朝开国君主。历数中国历史上各个朝代的开国君主，司马炎无疑是幸运的，但也是荒唐的。幸运的是因为他的爷爷和父亲已经为晋朝的建立铺垫了一条光明大道；荒唐的是因为司马炎缺少危机意识和长远的眼光，最终导致西晋王朝只有五十二年的寿命。

众所周知，司马家的江山是从曹魏手中夺得的。作为司马家族的前两代人物，司马懿、司马昭、司马师都是非常厉害的角色。明帝曹叡时期，司马懿"北平公孙，西拒诸葛"，渐渐掌握兵权，并用优厚的待遇收买士族，从而成为士族门阀阶层的利益代言人，从此司马家族逐渐崛起。曹叡之后，司马懿发动政变，一举掌控魏国大权。到司马昭时，魏帝曹髦更是形同傀儡，常被他玩弄于股掌之间。"司马昭之心，路人皆知"便是曹髦气极之时所说的话。

就是在这样的历史背景下，司马炎废魏帝曹奂，自立为帝，成为西晋王朝的开国君主。可以这样说，如果把当皇帝比作创业者，那么司马炎的祖辈已经历了创业初期的艰难，到司马炎时已经毫无阻力可言，只需摘取胜利的果实即可。对他而言，需要做的只是命令曹奂让出皇帝宝座，自己登台唱戏便可。

客观地说，司马炎称帝之后，也作出了很大的贡献。第一个贡献就是灭掉东吴政权，结束了战火纷争的局面，统一全国。众所周知，三国时期，曹、刘、孙三足鼎立，烽火连天。但到了司马炎的父亲司马昭时期，激情澎湃的三国时代已经接近尾声，曾经叱咤风云的英雄人物死的死，老的老，已经不复当年的模样。蜀汉政权微弱，国君是连诸葛亮都扶不起来的阿斗，国内更是没有可以独当一面的大将。"蜀国无大将，廖化作先锋。"遥想当年的五虎将，实在是令人唏嘘。就这样，司马昭毫不费力地就灭掉了蜀国。

司马炎称帝后，曹魏政权不用多说，已经被收入囊中，而蜀汉政权也被他父亲摆平，剩下的就只有东吴政权了。当时东吴的国君是孙权之孙——孙皓。孙皓在位期间，专横残暴，荒淫无道。 如此残暴的国君，不用想都知道东吴政权也不会长久。280 年，司马炎发起统一战争，二十万大军以摧枯拉朽之势横扫东吴，就这样，割据江东五十八年的孙吴政权覆灭，三国归晋，天下一统。

司马炎的第二个贡献是发展经济，促成太康盛世。当时，全国统一，天下已无战事，但老百姓的生活依然艰苦。农民没有土地，还被豪门士族利用所占据的土地肆意进行剥削。为了解决这个问题，司马炎制定了"户调式"的经济制度。"户调式"一共分为三项内容，分别是占田制、户调制、品官占田荫客制。这一经济制度使百姓得到了土地，从一定程度上促进了社会经济的恢复和发展，对社会的进步起到了积极的作用。

这段时期被称为"太康盛世"，《晋书·食货志》这样描述："是时，天下无事，赋税平均，人咸安其业而乐其事。"所谓盛世的标准竟只是"天下无事，赋税平均"，可见这并不是真正的盛世，但和之前战火纷争不断的三国时代相比，人们已经非常满足了。可惜的是，这样的"太康盛世"，老百姓也没有享受很长时间，只有十年而已。

其实，在司马炎称帝之初，就已经出现了"太康盛世"的衰败，为西晋的灭亡埋下了隐患。当时，司马炎大肆分封宗室为王，并让他们掌握兵权。因为他认为曹魏灭亡的原因就在于过度压抑宗室，从而导致皇帝被孤立，最终被权臣篡位。所以，在西晋建立之初的短短几年里，司马炎就分封了五十七个王、五百多个公侯。这个举措为后来的"八王之乱"埋下了祸根。

除了大肆分封宗室之外，司马炎还在灭吴后将州郡的守卫兵撤除。他认为天下已经统一，以后再无战事，撤销州郡守卫可以使地方官专心民事。客观而言，这一举措对恢复生产有很大的作用，但利小于弊。因为 301 年天下大乱，州郡没有守兵是西晋王朝无力控制局面的根本原因。

以上两点是由于司马炎没有长远目光而作出的决策，但都是为了巩固国家政权和发展经济，出发点还是好的。但国家统一后的司马炎，已经放弃了执政之初的本心，逐渐怠惰政事、奢侈腐化，为西晋的亡国埋下了伏笔。

司马炎灭吴之后，朝野间已经开始弥漫一种奢侈、攀比的风气，但讽刺的是，司马炎不仅不禁止，还起了带头的作用。有一次，司马炎来到女婿王济家吃饭，有一盘乳猪特别好吃。司马炎便问这是如何做的。王济偷偷告诉他，这头乳猪是由人的乳汁喂养长大，所以才会这么好吃。司马炎听后非常不悦，认为女婿的生活质量竟超过了自己，饭还没有吃完就打道回宫了。

全国统一之后，司马炎除了带头奢侈腐败外，还有一大缺点，就是好色。据说，他曾经在普通士官和中级官员的家中挑选了五千名美女来填充自己的后宫。灭吴之后，又在东吴境内挑选了五千名。这样算下来，司马炎的后宫就有一万人。当时天下初定，人口凋敝，全国境内的总人口才一千多万，而司马炎的后宫就占据了千分之一。更有趣的是，由于美女太多，不容易选择，"聪明"的司马炎就选择乘坐羊车，让羊随便走，走到哪里就临幸哪里的美女。后宫的美女有一万多人，而皇帝只有一个，这些身在后宫中的女人过的是怎样的生活可想而知。有的美女为了沾上雨露，一步登天，就将竹叶插在门口，或将盐撒在门口，以此吸引羊的到来。

如上所说，导致西晋快速灭亡的原因，其一是司马炎缺乏危机意识，大肆分封宗室，致使兵权散乱，为以后的战乱埋下了隐患；其二是由于司马炎缺乏长远的目光，撤销州郡守兵，造成了之后无力控制地方的局面；其三是司马炎灭吴后逐渐怠惰政事、奢侈腐败，这种带头作用使得朝廷内司法混乱，官员贪污成风。种种缘由，最终让西晋王朝和秦朝一样，迅速走向灭亡。天下一统的局面被打破。

南朝第一帝——宋武帝刘裕

历史好比一部宏大的舞台剧，剧中群星璀璨、星光熠熠，一线红星层出不穷，如刘邦、刘备。在民间，人们对于这两位人物的了解可以用耳熟能详来形容。但对他们的后辈却知之甚少，其中便有南朝第一帝——宋武帝刘裕。

根据史料记载，刘裕是汉高祖刘邦的弟弟楚元王刘交的第二十一世孙。当然，作为汉室宗亲，刘备也算得上是刘裕的祖辈。刘裕作为南北朝时期宋朝的开国君主，是一个非常厉害的人物，但名声却远不及祖辈们响亮，其中缘由值得我们思考。

刘裕幼年家境贫寒，他的母亲在生下他之后就去世了，他的父亲又无力抚养他，只能狠心地将他抛弃。幸好，他的婶娘是一个好心肠的人，不忍心看刘裕就这样死去，便将他救起，并将他养大。于是，刘裕有了小名，为"寄奴"。慢慢地，刘裕长大了。为了使家里的生活得到改善，他开始从事和祖辈一样的工作，那就是卖草鞋。

这就是刘裕的早年生活，可以用草根来形容他。有趣的是，这个词同样也拿来形容过刘裕的两位先祖。但就是这些草根们，最终成就了霸业，造就了辉煌的人生。

刘裕的辉煌人生是从他应召入伍开始的。著名诗人辛弃疾曾经在他的诗中这样描写刘裕："想当年，金戈铁马，气吞万里如虎。"辛弃疾是著名的爱国将领，刘裕被他这样称赞，可见他的身上确实有几分真本事。

刘裕入伍初期，江南领域有三股强大的势力，分别是东晋王朝政权、桓玄的地方割据势力、孙恩的农民武装，与三国时期的魏、吴、蜀相同，三足鼎立。

399 年，孙恩起兵反晋，东南八郡群起响应，这一事件震惊朝野。朝廷急忙派谢琰、刘牢之前去镇压。而刘裕就身在刘牢之的麾下。在此后几年里，刘裕初露锋芒，展示了自己出色的军事才能。他作战勇猛、指挥有方，更是善于以少胜多。据说，当时所有的将领都放纵手下的士兵烧杀抢掠，涂炭百姓，只有刘裕治军整肃、法纪严明。之后，刘裕因讨乱有功，被封为建安将军。而孙恩也在刘裕的继续追讨下投海而死。

孙恩的死成就了刘裕的威名。而刘裕的作战勇猛也在几年的征战生涯中为人所称道。

有一天，刘裕带领几十人前去侦察敌情，不巧的是，竟然和敌人迎头相撞。当时，敌人的数量多达几千人。敌我力量相差悬殊，然而不可思议的事情发生了。当刘裕的战友全部战死后，他孤身奋战，令前来援助的人目瞪口呆。这种情况令人费解，但直接显明了刘裕的战斗力勇冠三军。有人认为，刘裕的勇猛可以和三国时期的关羽、张飞相媲美，甚至青出于蓝。

剿灭孙恩后的刘裕，已经威名在外。之后，韬光养晦，灭桓玄，一举奠定了他江南霸主的地位。

到了这种时候，一般人都会找借口把安帝废掉，然后自己登基，但是刘裕并没有这样做。因为他知道，现在自己的地位还不稳固，如果立即称帝，最终的结果可能会和桓玄一样。

为了让全天下人信服，刘裕在之后的十几年里，开始了大规模的领土扩张。410 年，灭南燕；411 年，灭卢循；413 年，攻成都，灭焦纵；417 年，灭后秦，占长安。至此，南方的领土基本上已经被刘裕收入囊中。

有了这份成绩单，还有谁能说什么呢？天下人心服口服。420 年，刘裕登基称帝，定国号为宋，改元永初，史称宋武帝。

不得不说，刘裕是一个杰出的政治家、军事家。他的眼光长远，没有急于求成，没有在灭桓玄之后立即称帝。试想一下，当一个人离成功近在咫尺的时候，却能控制自己的欲望，这是一件多么困难的事情，但刘裕做到了。他成功地稳固了自己的地位，使称帝顺理成章。

众所周知，刘裕一生中最大的功绩在于统一了南方。但他也曾两度北伐，甚至在义熙北伐中距离胜利只有一步之遥。当时，刘裕带领军队攻破长安，后秦灭亡。但当建康传来刘穆之（刘裕的亲信、盟友）去世的消息后，刘裕匆忙留下年仅十二岁的儿子刘义真镇守关中，在三秦父老乡亲的叹息声中南归。后来，军中在出现内讧的情况下，又将长安丢失。北伐大业也因此功败垂成。

对于这次北伐，刘裕的匆匆离去在史上颇受争议。有人说刘裕是为了帝位回去的；也有人说刘裕是为了安顿后方，攘外必先安内。但不论如何，刘裕终究还是建立了属于自己的王朝，成为一颗耀眼的明星。

刘裕和他的两位先祖一样，都是从草根起家，最终成为一国之主，但名声却没有刘邦和刘备响亮。同样的起点和结局，甚至刘裕所取得的成就已经超过了刘备。因为刘备所做到的也仅仅是蜀汉之主而已，而刘裕基本上统一了南方，奠定了以后南北两朝对峙的局面。和刘邦相比，刘裕的功业逊色了一点，用人稍逊一点，但他的武力却是胜过刘邦的，孤身奋战是何等的气魄。就是这么一位绝世人物，在历史的舞台上却半红半紫，无法跻身于一线君主之列。

纵观他的一生，除了早年间贫困、凄惨，入伍后便是一马平川，攻无不克、战无不胜，好似人世间已经没有对手。扫孙恩，剿桓玄，平卢循，灭南燕、后秦，他是犹如战神一样的存在。其刚猛之气不亚于史上任何一位名将。

可能因为太过顺利，没有刘备、刘邦打拼事业时的跌宕起伏，缺乏故事性，所以刘裕才未能吸引后世人们的目光。正所谓"棋逢对手才精彩"，刘备有孙权、曹操与之三国鼎立，刘邦有项羽和他楚汉争霸，而"气吞万里如虎"的刘裕却因为没有对手而寂寞，也因没有对手而容易被人遗忘。

客观地说，刘裕的运气确实不错，因为在他之前，也曾涌现出许多叱咤风云的英雄人物，但经过惨烈的拼杀后，有很多都带着些许遗憾离开了人世，真正在青史上留下浓墨重彩的人寥寥无几。当刘裕的辉煌人生起步时，这些英雄人物都已经逝去。而刘裕的对手，和这些英雄人物相比，总是差上许多。所以，这就导致刘裕无论在战场还是政界，从未遇到真正强有力的对手。如果当年的谢安、苻坚、慕容垂等人还在世，仍旧年轻，也许天下又是另外一种格局了。

虽然很短暂，但是很闪亮——隋文帝杨坚

美国学者麦克·哈特曾著有《影响人类历史进程的一百名人排行榜》，极具权威性。在这本书中，哈特把影响人类历史的人物一一列出，并采用人物传记的方式将他们的事业和贡献描述出来。

书中所写的人物，都对人类历史进程产生了巨大的影响。这些人物中有政治家、军事家、哲学家、发明家、改革家等。当然，作为历史悠久的文明古国，中国也有两位帝王身在其列，其中一位是秦始皇嬴政，而另一位便是隋文帝杨坚。

对于秦始皇，被选入此书人们应该是认同的，因为他是中国历史上第一位皇帝。但对于杨坚，人们可能会诧异，不明白为什么是他入选此书，而不是汉武帝刘彻、唐太宗李世民、清圣祖康熙，因为这几位帝王无论名望还是功绩似乎都要高于杨坚。

根据《隋书》记载，隋文帝杨坚"不悦诗书""素无学术"。这说明，杨坚的文化水平应该不是很高。远的不说，和同时期的陈后主比较，应该就不是一个等级的。

除了文化水平不高之外，杨坚的军事水平似乎也不太理想。虽然有过几次带兵打仗的经历，但并没有可以拿得出手的战绩。如果拿他和南朝宋武帝刘裕相比，估计可以用天壤之别来形容。

称帝之前的杨坚，并没有什么特别的亮点可言。只有他的长相，在史书中留下了浓重的一笔。

据《隋书》记载，杨坚"为人龙颔，额上有五柱入顶，目光外射，有文在手曰王，长上短下，沉深严重"。用现代话来说，就是"杨坚的

下颌很长，额头上有五个隆起的部分直插头顶，目光犀利，手上有王纹，上身长、下身短"。

在杨坚的长相特征中，下颌、目光、上下身比例方面应该是真的，手中的王纹最多也就是在事业线、爱情线、生命线三条手纹中间多了条杠，也是有可能的。匪夷所思的是"额上有五柱入顶"，试想一下，一个人的额头上长着五个大包，直通头顶，是多么不可思议。

如果按照现代人的眼光来看，杨坚的长相就是非人类，不是一般的丑。但是在相术发达的古代，这是大富贵相。

据史料记载，周太祖宇文泰曾如此评价杨坚："此儿风骨，不似代间人。"不似代间人，也就是说杨坚不像凡人，那像什么？当然像是神仙似的人物了。

而齐王宇文宪曾经对当时的北周皇帝宇文邕说："杨坚相貌非常，臣每见之，不觉自失。恐非人下，请早除之。"要知道，宇文宪乃是宇文泰众多儿子中最为骁勇善战的人。作为一位久经沙场的人，在见到杨坚时竟然会不自觉地失态。如果宇文宪所说属实，可见杨坚的威势之盛。当然，也不排除宇文宪是为了要害死杨坚而故意这样说的可能性。

对于杨坚的相貌，《资治通鉴》中也有一段有趣的记载。话说杨坚称帝后，陈后主曾派人出使大隋。在此之前，陈叔宝已经听说杨坚的相貌异于常人，于是便让使者将杨坚的画像带回一观。谁曾想，当陈叔宝见到杨坚画像之后，就像老鼠见了猫，竟十分惊惧地说道："吾不欲见此人！"之后就把画像给丢掉了。可能冥冥之中自有定数，这个让他惊惧的人，也是后来灭掉陈国的人。

史料中用如此多的笔墨来形容孙坚的相貌，肯定是有用意的。在那个相术风靡的年代，以貌取人，或是通过制造舆论，统一人心，是一个很好的方法。据史料记载，庞晃、赵昭等人就是因为杨坚相貌异于常人，而对他抱有很大的信心，认为他一定会当上皇帝。

无论如何，最终杨坚成为九五之尊，成功登基，开创了大隋王朝。

杨坚称帝后，在军事、政治、经济、文化方面各有举措，对后世的影响颇为深远。

其一，在军事上，先灭西梁，后灭南陈，再平江南，最后北击突厥。他不仅终结了三百年的分裂局面，统一全国，而且还打击了外来势力的嚣张气焰，稳定了东亚局势，为中国后世的安稳发展奠定了牢固基础。

其二，在政治上，杨坚实行三省六部制，简化地方官制，修订《开皇律》，通过这些政治举措，加强了中央集权，对之后的历代王朝都有着极大的影响。

其三，在经济上，通过执行均田制、设粮仓、货币改革、倡导节约等措施，解放了大量的劳动力，并调动了贫苦农民的劳动积极性，打开了开皇盛世的局面。

其四，在文化方面，恢复汉化。北齐和北周时期，国家的上层贵族曾一度热衷于鲜卑化和胡化。杨坚称帝后立即推行汉化，为汉文化的发展传承起了重要作用。

据统计，杨坚称帝之初，全国人口约四百万户，隋炀帝登基时为八百九十万户，足足翻了一倍，如果按照一户为六人来计算，则为五千万人。而唐朝经过李渊、李世民父子两代治理后，全国人口才三百八十万户。由此可见，隋唐两朝时的国力差距。

不仅如此，隋文帝杨坚驾崩时，天下粮仓的储蓄还可以供全国五六十年正常使用，雄厚的国力，足以令后世膜拜。这就是开皇盛世，这就是杨坚。虽然很短暂，但是很闪亮。

打下了天下，算不过儿子——唐高祖李渊

梦回唐朝，那个如梦似幻的瑰丽时代，那个英雄辈出的豪情时代，那个威名远播的强盛时代。

提起唐朝，人们首先想起的可能是唐太宗李世民，却很难想起一手建立大唐王朝的唐高祖李渊。

历史的视角总是令人难以捉摸，很多人说唐太宗才是大唐王朝的实际开创者，而唐高祖李渊只是名义上的开创者。但事实真的是如此吗？

其实，从太原起兵开始，到李世民发动玄武门之变之前，大唐的权力格局，都是以李渊为中心构建的。这一点，可以从唐初重臣中看出，如裴寂、封德彝、萧禹、陈叔达等人。这些人都是唐高祖李渊的心腹重臣，同时也是唐初的主要掌权者，最能够代表李渊的意志和利益。

试想，如果李世民是大唐的实际开创者，那么他会容忍这种格局的建立吗？

所以，大唐的建立其实都是李渊苦心经营、一手操办的。而李世民只是李渊手上的一个将领而已。

李渊为大唐的建立作出了巨大的贡献，但为什么在正史中很少被提到呢？这些功劳为什么都被划分到了李世民的身上？

这是因为唐太宗李世民有一个喜好，那就是篡改历史剧本。当时的史官按照他的要求，在撰写《高祖实录》和《太宗实录》时，把他的功绩加以重墨渲染，而把唐高祖李渊所起的作用全部抹杀。于是，唐

高祖李渊在历史上则变成了一个没有作为、坐享其成的皇帝，而李世民则成为开创大唐王朝的实际王者。

但是，只要仔细想一想，太原起兵之时，李世民还只是一个十几岁的毛头小子，能有多大的作为呢？结果便不言而喻了。

但李世民就是要这样的结果，突出自己的功绩，这样才能显示他的登基称帝名正言顺、水到渠成。

但是，历史的真相不会被掩盖。"玄武门之变"前，李唐的当家人是唐高祖李渊，而李世民确实只是李渊手下的一名将领。

在当时错综复杂的局势下，李渊乘势而起，由太原起兵，采用因势借力、先取关中、后定天下的战略规划，一步步实现，一步步完成，成就了自己，也成就了大唐盛世。他的兴兵起事思想及统一全国的战略指导思想，都表现出了他杰出的军事才能，值得后世学习和研究。

即便如此，唐高祖李渊也未能阻止"玄武门之变"的发生，因为"玄武门之变"的祸根早已种下。

太原起兵之后，李渊为了防止大权旁落，就让太子李建成掌控政治，秦王李世民掌控军事。

这种安排，在当时看来非常完美，政治、军事都在李家的掌控之中。但后期却发生了李渊始料未及的情况，两个儿子的势力发展得太快，已经威胁到了唐高祖自身，功高震主。

当时，朝野之上可以分为两大阵营，一方是以太子李建成为首的太子党，一方是以秦王李世民为首的秦王党。这两党成员之广几乎覆盖了整个朝野，很少有官员能够置身事外。

通常，皇帝们，尤其是开国皇帝，遇到这种事，就只能大开杀戒。但李渊不可以，因为这两边的首领是自己的亲儿子。

俗话说，虎毒不食子，这能下得去手吗？

还好，唐高祖李渊还是一个比较仁厚的人，没有做出令人发指的事情。

但是，逃避不是办法，有事就得解决。唐高祖李渊采取的方法是平衡之术。

可能有人会疑惑，通常在这种情况下，不是应该维护太子的利益，而剪除秦王的党羽吗？

是啊，常规状态下，这么做是对的，但李渊现在面对的不是常规状态。

设想一下，如果李渊对李世民进行打压，那么太子党的实力势必会更上一层楼。俯瞰朝野，一支独大。这种情况是高祖不愿意看到的。

因为此时的唐高祖李渊还在帝位上，自古皇家无父子，如果出现这种情况，李渊是不是有可能被自己的儿子反下去？太有可能了！

所以，李渊采取了这种极具艺术性的平衡之术。用二儿子来牵制大儿子，以达到一种平衡的状态。就如同一个太极图，阴阳各两半。

但最终的结果却是李渊没有料想到的，二儿子太有魄力，一举发动了"玄武门之变"，彻底打破了这种平衡。

迫不得已，唐高祖李渊只能退居幕后，将帝位转交给二儿子李世民。

值得注意的是，虽然唐高祖是在这样的情况下退位的，但并不表示他的一世英名就此葬送。他的历史功绩，终会流传于后世。

黄袍加身定天下——宋太祖赵匡胤

　　纵观中华历史几千年，几乎每个朝代的更迭都伴随着杀戮和泪水。无数百姓家破人亡，无数人家妻离子散。而从改朝换代的那一刻起，前朝宗室的命运好像就已经注定，被软禁，被流放，乃至被灭族。

　　但是，任何事情都有例外，大宋王朝的建立便是这个例外。

　　后周显德六年（959年），世宗柴荣去世。宰相范质作为顾命大臣扶助柴荣幼子宗训登基，为恭帝。当时，恭帝年仅七岁，与其他朝代相同，一个年幼的君主总是不能总揽大局，于是后周开始了不稳定的局势。

　　柴荣在世时，曾为了强化朝廷直隶军队，命令地方招募"强人"，送到开封，以达到充实禁军的目的。值得注意的是，这些"强人"也包括强盗在内的亡命之徒。"强人"之名，名副其实。完成招募后，柴荣在这些"强人"和原有的侍卫亲军中挑选出武力超群的人组成殿前侍卫。而赵匡胤就是他们的首领，任殿前都点检一职。

　　殿前都点检作为中央禁军的首领，重要性不言而喻。而正是从此刻起，一个军事政变计划开始酝酿。

　　960年，朝廷内收到辽和北汉联合入侵的战报，慌乱间，宰相范质、王博命令赵匡胤率领禁军前去迎敌。

　　接到命令后，赵匡胤立即率兵出城，当晚到达距离开封几十里的陈桥驿。

　　正是在陈桥驿，发生了一个著名的历史事件：黄袍加身定天下！

当晚，赵匡胤的亲信赵普和他的弟弟赵匡义在军中散布舆论。舆论的具体内容是以拥立赵匡胤为皇帝为主题，以赵匡胤当上皇帝之后众人会得到什么样的好处为主要内容。

在军队中，赵匡胤的亲信本来就多，再经过一番天花乱坠的煽动，最后愿意让赵匡胤当皇帝的呼声越来越高。

见时机成熟，赵匡义和赵普将预先准备好的黄袍披到假装刚酒醒的赵匡胤身上，并率众将领高呼万岁。

赵匡胤说道："你们贪图荣华富贵，立我为天子，这不是置我于不忠之地吗？"

接着，赵匡胤又说道："我有号令，尔能从乎？"也就是说，我的命令，你们听不？

回答是肯定的，唯命是从。

当时，赵匡胤就立下了三条规矩：第一，回开封后，不能惊犯太后和小皇帝；第二，不能欺凌后周的大臣们；第三，不能抢掠国家仓库。服从命令的将有重赏，否则就严办。

就这样，得到将领们拥护的赵匡胤没费多大工夫就攻下了京城。

之后，恭帝让位，赵匡胤即位称帝，国号为宋，是为宋太祖。

真可谓黄袍加身定天下，兵不血刃立宋朝。

其实，赵匡胤的这种做法是有人传授于他的，这个人就是他的第一任领导——后周太祖郭威。他们所经历的事情的经过大致相似，不同点就在于一个是"黄袍加身"，而另一个是"黄旗加身"。估计郭威怎么也不会想到，当年自己煞费苦心导演的"黄旗加身"这一佳作，在十年后被赵匡胤复制得如此完美。

黄袍加身无疑是经过谋划的，大宋王朝的建立便是这件事情的直接产物。但有一点需要注意，作为一个长达三百多年的王朝，宋朝的建立能够在不流血的前提下完成，在中国古代史上是绝无仅有的。

作为一个推翻故主的人，赵匡胤无疑是不忠的，但是成王败寇乃是亘古不变的道理，从这一点来看，他也是一名成功者。除此之外，赵匡胤在如何处理前朝宗室的问题上，表现出了令人佩服的胸襟和胆识。一般情况下，一个新的朝代掌权者对待前朝宗室总是会选择斩草除根、以绝后患，而赵匡胤却没有这样做，这一点从著名的勒石三戒中就可以看出。

勒石三戒是赵匡胤于建隆三年所立，放在太祖庙的夹室中，也被称为太祖誓碑。平时誓碑用黄幔遮蔽，夹室关闭，只有在太祖四季祭祀以及新皇即位时才能打开。

值得注意的是，关于太祖誓碑，在宋朝时只有皇帝知道。

叶梦得的《避暑漫抄》中记载："天子行至碑前再拜，跪瞻默读，然后再拜而出，群臣及近侍皆不知所誓何事。"也就是说：皇上来到太祖誓碑前行跪拜礼，跪着观看默读，看完后再行跪拜礼，然后出去，而大臣们和皇上的近侍都不知道皇上所发誓言的具体内容。

后来金国灭宋后，金人打开这里，人们才有幸看到太祖誓碑，知道上面的内容。

王夫之《宋论》记载，太祖勒石……其戒有三：一是保全柴氏子孙；二是不杀士大夫；三是不加农田之赋。

我们可以看到，在勒石三戒中，第一条就是保全柴氏子孙。对于靠黄袍加身称帝的赵匡胤而言，柴氏子孙应被看作一种隐患，毕竟他的称帝方式并不光明。但是，他却在勒石三戒中将保全柴氏子孙作为第一条戒律，不得不说他是一个仁厚、有胆识、胸襟宽广的人。单从这一点来看，赵匡胤就已经超过了历史上的众多皇帝们。

关于赵匡胤对柴家后人的仁厚，还有一则轶事可以说明。当时，经过陈桥政变的赵匡胤回到开封后，进入皇宫，看到一个宫女怀中抱着一个孩子。

赵匡胤问道："这是谁的孩子。"

宫女回答："周世宗。"

当时，在赵匡胤身边的有赵普、范质、潘美等人。赵匡胤就问他们应该如何处理。

赵普等人的回答是："为了免除后患，应当把这个孩子除去。"

可是赵匡胤却是这么回答的："我已经接了他（世宗）的位子，怎么能再杀他的孩子呢？ 我不忍心啊。"

之后，这个孩子交由潘美抚养，而赵匡胤从此也再没有提到过这个孩子。这个婴儿被取名为惟吉，长大后，官拜刺史。

从黄袍加身时的三条规矩，再到勒石三戒，赵匡胤对待柴荣的后人无疑是仁厚的。此外，赵匡胤还给柴家发了"丹书铁券"，凭此券柴家子孙就可以免死。比如《水浒传》中的小旋风柴进就是凭借丹书铁券才会那么吃香，活得那么潇洒。

勒石三戒中，除了保全柴氏子孙外，还要求大宋的每个皇帝不得杀害士大夫。纵观大宋王朝三百一十九年，无论皇帝昏庸与否，几乎没有言官被杀。如苏轼，被贬无数次，去世之后还有谥号。

不加农田之赋，是勒石三戒中的第三戒。通常，一个新朝代的开创初期，经济萧条，人口凋敝，统治者都会采用减轻赋税、休养生息的方法来调整，以此过渡到稳定期。但是，稳定期一过，就会加重赋税。不得不说这是各个朝代的一个短板。而赵匡胤之于宋朝，却规定永不加农田之赋。仅从这一点，就可以看出赵匡胤的眼光之长远，着实令人钦佩。

也正是基于这一戒，宋朝的农民负担相对较轻，压迫较少，所以宋朝三百多年来，从来没有出现过规模较大的农民起义。这在中国各个朝代中，只有两个朝代做到了，一个是宋朝，另一个是西晋。和宋朝不同，西晋之所以没有出现这种情况，在很大程度上是因为它的寿命太短，还没来得及爆发就已经灭亡。

更值得称赞的是，宋朝的历代皇帝，都没有出现如北周宣帝一般的叛逆皇帝，让勒石三戒得到了切实执行。可以这样说，勒石三戒就是大宋王朝的宪章，它从根本上促成了宋朝成为中国古代史上文明的最高峰。

作为勒石三戒的创始人，赵匡胤所起到的作用是巨大的。除此之外，赵匡胤还有一点也值得称颂。

在我国的历史长河中，总是不乏"狡兔死，走狗烹"的现象。历代开国皇帝对于功高盖主的部下，总是心存猜忌。而那些被猜忌的开国功勋，结局大多都是悲惨的，如汉高祖刘邦之于韩信；明太祖朱元璋之于徐达。

与刘邦、朱元璋的大肆杀戮功臣相比，赵匡胤为了巩固政权，采取的则是一种非常温和且别出心裁的解决方式。那就是历史上有名的杯酒释兵权。

建隆二年七月初九（961年），一次早朝后，宋太祖留下了当初助他称帝的高级将领，如石守信、高怀德、王审琦等人，一起喝酒。

在席期间，赵匡胤和众将领好像又回到了以前，彼此之间称兄道弟，其乐融融。

正当觥筹交错、酒兴正浓之际，太祖突然叹气说道："朕若不是靠你们出力，是当不了皇帝的。但是身为天子，日子却过得十分艰辛，远不如当一个节度使那般逍遥快活。不瞒你们说，自从当上皇帝后，朕每天晚上总是难以入眠，不能安心。"

石守信等众将领问道："这是为何呢？"

太祖说道："皇位总是有极大的诱惑力，有太多人想要得到这个宝座。"

石守信等人听了之后大惊失色，连忙说道："陛下何出此言，现在天下大局已定，谁还敢有异心呢？"

太祖说："谁不想得到荣华富贵？ 如果有一天，你的部下也对你黄袍加身，拥戴你做皇帝，即使你不想造反，但到了那时，还能由得了你吗？"

一席话出，众将领都明白了，原来赵匡胤是对他们有所猜忌。一时之间，众将领纷纷哭着恳请太祖指明一条明路。

宋太祖缓缓说道："人生如白驹过隙般短暂，你们不如解除兵权，回到地方上，多积累一些钱财，多置办良田美宅，留给子孙后代；同时，多买一些歌妓舞伶，夜夜笙歌，饮酒作乐，也不失为神仙般的生活。朕还会与你们结为姻亲，君臣之间，没有猜疑，上下相安，这样不是很好吗？"

石守信等人见太祖的话已说得如此明白，只好俯首听命，纷纷感

影响中国古代历史的帝王

谢太祖的恩德。

第二天，石守信等将领纷纷上表自己身体有病，请求解除兵权。赵匡胤欣然同意，并让他们到地方上任节度使。

以上便是杯酒释兵权整个事件的过程。通过它，赵匡胤达到了加强中央集权的目的，也避免了其他将领通过仿照"黄袍加身"来篡夺自己的皇位。而且，这一切都是在没有杀戮的情况下完成的。从这几点看，这一做法是值得称赞的。

但事情总是存在两面性，有好的一面，就必定存在坏的一面。通过杯酒释兵权，赵匡胤加强了中央集权，而失去兵权的武将则得到了赵匡胤许下的荣华富贵。但透过现象看本质，赵匡胤许下的荣华富贵，其实是颁发给众将领的腐败许可证。

这种腐败之风，必定会给大宋带来不可小觑的坏影响。

除此之外，这些骁勇善战的将军解除兵权，对大宋来说，无异于自砍双臂，大大减弱了本国的军事实力。而重文轻武的风气，自此开始飘荡在大宋王朝的上空，一直被延续。一个饱受外族欺凌的宋朝已经初现端倪。

一代天骄——元太祖铁木真

元太祖铁木真，全名孛儿只斤·铁木真，是公认的杰出的政治家、军事家。

"一代天骄，成吉思汗，只识弯弓射大雕"。相信人们对于这句诗、对于诗中的人物都已经非常熟悉。诚然，铁木真弯弓射大雕的技能之高超毋庸置疑，但他的才能绝不仅限于此。他的一生，除了建立蒙古王朝外，还将蒙古铁蹄踏到了中亚、东欧地区，是一名战功卓著的军事家。

作为一个统帅，他智勇双全，能够从大处着手，制定恰当的战略和决策；作为一位帝王，他海纳百川、包容万千，能够听取臣下的意见，由原先的城市破坏者转变为城市保护者；作为一名组织者，他将蒙古人，乃至所有的游牧民族团结在一起，造就了一个无往不胜的铁骑部队。

很多人对成吉思汗铁木真都很熟悉，都知道这是一个非常了不起的人，但却很少有人知道铁木真是如何一步步地成长为一代君王的，对他的出身、对他的经历都少之甚少，这里将为大家进行详细介绍。

铁木真出身蒙古乞颜部，他的父亲为乞颜部首领，名为也速该。

1161年秋，也速该来到斡难河畔打猎，遇到了途经此处的美丽的诃额仑。一眼望去，也速该就喜欢上了她。可是，当时的诃额仑已经是别人的未婚妻。他的未婚夫是蔑儿乞部一个名叫赤列都的人。

在那个以武力称雄的年代，只要足够强大就能将别人的妻子抢来，成为自己的妻子，俗称"抢亲"。就这样，也速该在几个兄弟的帮助下，打败了诃额仑的未婚夫，抢来了诃额仑。于是，诃额仑成为也速该的妻子。第二年，他们的第一个儿子出生了，他就是铁木真。

也速该之所以给自己的儿子取名为铁木真，是因为当时他生擒了塔塔尔部的首领铁木真兀格。当时，蒙古有一种信仰，认为当抓住敌对方勇士的时候，刚好有婴儿出生，那么将被抓勇士的名字用来命名这个婴儿，就能将这个勇士的勇气转移到这名婴儿身上。

许多成就大业的人都有一段历经艰辛的岁月。

在铁木真九岁时，他的父亲也速该不幸被仇人毒死。也速该的死让铁木真母子失去了依靠，他们的生活发生了翻天覆地的变化。

部落内的泰赤乌氏首领塔里忽台和也速该生前就交恶，便恶意煽动部众迁移他地，抛弃铁木真母子。部众的迁移，使得铁木真一家的生活变得异常艰难，但他们没有被生活打败，而是依靠顽强的意志生存了下来。就是在这样的环境下，铁木真慢慢地长成为一位魁梧的少年。

磨难即将降临。

当铁木真慢慢长大时，泰赤乌氏害怕铁木真长大后会对他们进行报复，所以准备对他们家进行突袭，并杀死铁木真。幸亏铁木真父亲生前一个名为锁儿罕失剌的部下和他的家人帮助，铁木真一家才能逃出生天，避过了这个劫难。但即便如此，铁木真一家也只能开始逃亡的生活。

铁木真身为长子，带着母亲和弟妹们为了逃避泰赤乌氏的追杀，走到了不儿罕山区。在这里，又一次劫难降临在他们身上。

那是一个风雪交加的夜晚，有一帮盗贼偷袭了他们，抢走了他们仅有的马匹。在和他们争斗过程中，铁木真不幸被盗贼射中喉咙。就在死神即将取走铁木真的性命之时，一位名叫博尔术的青年路见不平，出手将这些盗贼赶跑了，并追回了马匹。就这样，铁木真的性命再一次保住了。

时光悠悠而过，铁木真成年了，到了该成婚的年纪。幸运的是，他遇到了自己生命中极为重要的女人，她的名字叫孛儿帖。但当他们

第一章 开国帝王

二人完婚时。蔑儿乞部的首领脱黑脱阿，为了报当年铁木真的父亲也速该抢走其弟赤列都未婚妻之仇，突袭了铁木真的营帐。铁木真战败，逃进了不儿罕山。而他的妻子和母亲则成为蔑儿乞部的俘虏。

生命中一次又一次的劫难并没有将铁木真打垮，而是造就了他坚毅、果敢的性格。他明白，想要报仇，想要夺回属于自己的一切，就一定要拥有强大的力量。为了做到这一切，铁木真必须找到一个强大的靠山，他把筹码押在了草原上实力最为雄厚的克烈部王汗身上。为了争取王汗的帮助，他将妻子嫁妆中最珍贵的"黑貂皮"献给了他。

铁木真的付出得到了回报。他依靠王汗的势力，将失散的部族人员重新聚拢起来。并且，在王汗及其结拜兄弟（蒙古称结拜兄弟为"安达"）札木合的帮助下，成功击败了蔑儿乞部，将妻子和母亲救了出来。

崛起之路开始了。

1182年前后，铁木真被推选为蒙古乞颜部的可汗。此后，乞颜部在铁木真的带领下迅速发展壮大。但是，铁木真的强大招致同样拥有雄心壮志的札木合不满。为了遏制铁木真的发展，札木合以其弟弟死于铁木真的部下为借口，纠集了塔塔儿、泰赤乌等十三个部落向铁木真所率领的乞颜部发起进攻，史称"十三翼之战"。乞颜部毕竟只是一个部落，和十三个部落的实力相比，还是相差太远，首战铁木真失败。

但令人意外的是，铁木真的这次失败却得到了意想不到的收获。原来，获得胜利的札木合对待俘虏非常残忍，他竟然把这些人丢进滚烫的沸水中。这种残忍的做法，不仅令其他部落的人心生寒意，甚至连札木合本部人员都感到毛骨悚然。和残暴的札木合相比，铁木真就显得格外宽容。因此，札木合的很多手下因为担心自己的命运而纷纷倒戈，投奔到铁木真的麾下。所以铁木真虽然在"十三翼之战"中失败，军力却不降反升。

就这样，铁木真的实力越来越强。而他的强大也越发让其他部落的首领感到不安。为了抑制他的崛起，十二个部落组成联军，选举札木合为"古儿汗"（众汗之汗的意思），誓要消灭铁木真。

1201 年，十二部落联军向铁木真和克烈部发起了进攻。但联军就如同乌合之众，不堪一击，很快就在铁木真王汗联军的猛烈攻击下土崩瓦解。札木合失败后，投降了王汗。

后来，铁木真为了报杀父之仇，进攻以札邻不合为首的塔塔儿部，札邻不合服毒身亡。当然，铁木真并没有忘记年幼时所受的屈辱，率众追击泰赤乌部，泰赤乌部众投降。值得一提的是，在剿灭泰赤乌部的过程中，铁木真得到了很多能够帮助他征服天下的人才，如神箭手哲别、纳牙阿等。这些人都无愧于英雄之名，为铁木真的宏图大业发挥了巨大的作用。

1203 年，克烈部王汗父子战败在铁木真的手下。王汗只身投降乃蛮部，其子桑昆在逃亡中，来到乃蛮部边界，不幸被边将当作奸细杀死了。打败克烈部，铁木真的实力更加强大。不仅如此，他还占据了呼伦贝尔草原。这个水草丰美的地方，为他提供了充足的物质保障。

至此，蒙古各部能够与之为敌的就只有乃蛮部了，这个聚集了所有败在铁木真手下部落首领的部落。这些部落首领想要借助乃蛮部重新夺回自己所失去的牛羊和牧场。但是，草原上的人们已经厌倦了长期的战乱生活，他们渴望拥有和平。所以，蒙古一统势在必行。

民心所向，所向披靡。

1204 年，铁木真向乃蛮部发起进攻，双方在纳忽山进行最终的战斗，太阳汗（乃蛮部的首领）身亡，乃蛮部覆灭。至此，铁木真基本上完成了统一蒙古的霸业。

1206 年春天，铁木真在斡难河召开忽里台大会，正式建立大蒙古国，铁木真为蒙古帝王大汗（皇帝），尊号"成吉思汗"，意思是"拥有海洋四方的大酋长"。

值得注意的是，关于"成吉思汗"一称，是被西亚后世所沿用的，直到晚清时期才传入中国。在此之前的史料中，并没有关于这个词的记载，如在《元史·太祖本纪》中记载的是，众臣为铁木真上尊号为"成吉思皇帝"，而不是成吉思汗。

但不管如何，随着铁木真正式登基称帝，蒙古王朝的霸业才逐渐展露出自己强大的实力，大规模的征服之路开始了。

1210年，西夏臣服于蒙古，并保证今后对蒙古进行武力上的支持。除此之外，西夏皇帝还献出自己的女儿以示诚意，将察合公主嫁给了铁木真。

1211年，铁木真亲自率领大军进攻金朝，长达二十四年的蒙金战争就此开始。

蒙金战争之初，铁木真亲自率领大军出战，以蒙古铁骑快速进攻能力为优势，在战场上纵横驰骋，大量歼灭金军，俘获战利品无数，并最终攻破了金朝的中都。1217年，铁木真封木华黎为太师，率领蒙古大军，继续攻伐金朝，而他则返回蒙古准备西征事宜。

1218年，铁木真为扫清西征障碍，命哲别前去消灭西辽。同年，西辽覆灭。

1219年，铁木真以西域花剌子模杀蒙古商人和使者为由，亲自率领蒙古主力攻打花剌子模。数年间，蒙古铁蹄所到之处，攻无不克，战无不胜，先后攻破了讹答剌、布哈拉及撒马尔罕等地。花剌子模国王摩诃末被迫开始逃亡，最终病死于宽田吉思海（今里海）中的一个小岛之上。摩诃末临死之前将王位传给其子札兰丁。遗憾的是，札兰丁于申河（今印度河）溃败，仅带领几人逃走。

当初，铁木真命令速不台和哲别率领骑兵追击摩诃末。但因摩诃末逃入里海只能挥师继续向西挺进。1223年底，哲别与速不台在经过征服大量国家的前提下率军东返，与成吉思汗会师东归。

1226年，铁木真再次亲率大军进攻西夏。次年，西夏灭亡。

1227年，铁木真在征伐西夏的途中染病，在西夏投降前夕，病逝于六盘山下清水县（今属甘肃），终年六十六岁。

在临终前，他曾留下遗嘱，让其后人采用"借道宋境、联宋灭金"的策略。这一策略得到了其子窝阔台、托雷的遵从。1234年，金朝灭亡。

被逼出来的皇帝——明太祖朱元璋

朱元璋，汉族，原名重八，生于濠州钟离之东乡（今安徽凤阳），明朝开国皇帝。在中国历史上，朱元璋作为明朝的开国皇帝，可谓是声名赫赫，对后世乃至现在都有很大的影响。

朱元璋出生在一个非常普通的农民家庭，取了一个现在看来很有意思，而在当时很普通、很正常的名字，即朱重八。

如果翻看朱重八的家谱，会发现一个很有意思的现象，从朱元璋的五世祖开始，家族各辈的名字竟然都是以数字组成。如朱元璋的五世祖名为朱仲八，四世祖名为朱百六，曾祖名为朱四九，祖父名为朱初一，而他的父亲则名为朱五四。不得不说，这名字起得实在没有水准。

但历史总是会有很多的相同点，有一个人的名字也没有任何丰富的寓意，这个人就是汉高祖刘邦。刘邦，原名刘季。在古代，家中兄弟姐妹按照长幼次序排列，分别为伯、仲、叔、季。如刘邦，因为在家中排行老幺，所以就被起名为刘季。为什么这么起？主要是因为刘邦的父亲实在没什么文化，所以只能这么起。但是，重八的由来并不是因为朱元璋的父亲没有文化，而是和当时的时代背景有关。

当时，元朝把全国人民分成了四个等级。第一等为蒙古人，第二等为色目人，汉人（原金朝境内居住的人口）和南人则分别为第三、第四等人。而作为第三、第四等人，连起名字的权利都被限制，名字通常与其社会阶层或身份相关，这就是朱元璋被叫作"重八"的缘由。

连起名字这种最基本的权利都被剥夺了，可以想象，汉人、南人在其他方面是如何被剥削的。据说，当时蒙古人杀一个南人只需要赔付一头毛驴的价钱。生命没有保障，加上赋役沉重、灾荒不断，老百姓们已经被逼上了绝路。

元顺帝至正十一年（1351 年），红巾军起义爆发。

正当农民起义进行得如火如荼时，我们的主人公朱元璋正在干什么呢？

答案是当和尚。

前文已经说过，朱元璋出生在一个农民家庭，不说生活是好是坏，最起码亲人都陪在他的身边。但不幸的是，在他十七岁时，一场瘟疫夺走了父母以及兄长的生命。为了生存，朱元璋只好来到皇觉寺当和尚。

当时的年景，和尚也不是那么容易当的。在寺院中待了五十多天后，大饥荒迫使他不得不外出化缘（和"要饭"等同），一转眼就是三年。

相同的遭遇，对于不同的人而言，就是不同的结果。别人"化缘"三年，学会的是卑躬屈膝，而朱元璋"化缘"三年，却灵活了头脑，开阔了眼界，并铸就了他坚毅、果敢的性格，虽然这一切都建立在无数的折磨之上。

之后不久，以和尚身份参加起义军的朱元璋，在经过十七年残酷的军事生涯后，竟奇迹般地成为一个朝代的开国君主。不得不说，这是一个传奇。

在他的军事生涯中，遇到了很多实力强劲的对手，如陈友谅、张士诚，乃至还未倒下的元朝政权。但最终的结果是，鄱阳湖大败陈友谅；平江之战围歼张士诚；驱赶元朝政权于大漠之中。难以想象，这些都是出自一个和尚之手。

了解宋史的人都知道，从石敬瑭将幽云十六州割让给契丹开始，到朱元璋把它收回，历时四百余年。在这四百年间，柴荣、赵匡胤、岳飞、韩世忠、文天祥等在历史中如雷贯耳的英雄人物，都曾试图收复幽云十六州，梦想完成统一大业，但最终都失败了。

北方政权对于汉人王朝而言，就好似一堵高墙，始终无法跨越。

但是，这些英雄人物都没有做到的事情，最终却被朱元璋完成了。他赶跑了蒙古铁蹄，收复了幽云十六州，重新完成大一统局面。从这一点上看，朱元璋的英雄之名实至名归。

当然，朱元璋虽然用兵如神，但是要取得天下还是要靠团队的力量。在他的手下，有当时世上最为优秀的人才。文有刘伯温、朱升、李善长等人为他出谋划策，武有徐达、常遇春、汤和等人为他冲锋陷阵。正是有了这些为他出谋划策的谋士，他才能得到"高筑墙、广积粮、缓称王"的策略，从而为大一统打下坚实的基础；正是有了那些令敌人闻风丧胆的猛将，朱元璋才能打败一个又一个强悍的敌人。

除了开创大明王朝，完成国家的统一之外，朱元璋在文化方面也有一定的建树。大明之前，元朝统治了将近百年的时间，对汉文化的传承有一定的阻碍。朱元璋称帝后，立即恢复了汉文化、风俗、官制，延续了汉文化的传承。

任何事，任何人，总是有正反两面，正如一年有四季，一天有昼夜一样，朱元璋也不例外。他建立的功业名垂千古，被后人铭记于心。但是，他大肆杀害功臣的行为，在后世乃至现在仍备受争议。

明朝建国之后，朱元璋一手策划了两大案件，分别是胡惟庸案和蓝玉案。胡惟庸案，尖刀指向的是文官。其中，遭受牵连的人多达三万余人，打击面积之广，在历代皇朝都是首屈一指的。通过此案，朱元璋废除了自春秋战国时期就有的宰相制，设立了内阁制，进一步集中了帝王的权力。

和胡惟庸案正好相反，朱元璋在蓝玉案中把尖刀指向了武将。蓝玉是常遇春的小舅子，在捕鱼儿海中打败北元，威震天下。但是，立功之后的蓝玉，居功自傲，逐渐骄纵。当时，太子朱标去世，而长孙年幼。朱元璋为了防止宋太祖赵匡胤"黄袍加身"再次上演，因此将刀子指向了蓝玉。蓝玉一案共涉及一万五千余人。

回首明朝的开国功勋，除了少数几人幸免于难，大多数人都不得善终，李善长、刘伯温、蓝玉等，这些为他建功立业的人，都成为政治的牺牲品。

　　朱元璋大肆杀戮功臣的行为，着实令人唏嘘。和汉高祖刘邦相比，朱元璋的这种行为似乎更为阴狠。文臣、武将都在他的打击范围之内，甚至被灭族的也比比皆是。在他去世之前，几乎把能够威胁到大明王朝，威胁到长孙朱允炆的任何不利因素都铲除殆尽。但最终的结果却是，当燕王朱棣造反时，朝中竟无将可派。

　　如果朱元璋知道是这样的结局，不知会有何感想。如果能够重新选择，或许就不会出现这一幕了吧。

清王朝的奠基者——清太祖努尔哈赤

历史就像一架翻转的车轮，轰然向前，永远不会停留在某一个瞬间。

当我们翻阅中国古代史时可以发现，元太祖成吉思汗和清太祖努尔哈赤作为少数民族的统治者，曾创造了载入史册的历史功绩。

有关成吉思汗，在中国几乎是家喻户晓。但对于努尔哈赤，却不敢说人人皆知，可能是影视剧或小说中，和他相关的描述实在太少；也可能是因为他生前没有入关，所以名声没有那么响亮。但不论如何，努尔哈赤之于大清王朝——中国最后一个封建王朝的建立，奠定了雄厚的基础。

对于"努尔哈赤"这个名字，在满语中非常有趣，是"野猪皮"的意思。有种观点认为，当时的女真族习惯用小儿身上所穿的某种兽皮衣服为乳名。也有人说，努尔哈赤的母亲在生他之前做了一个梦，梦到一位壮士将一个用野猪皮包着的孩子送给她。到了第二天，努尔哈赤就出生了。努尔哈赤的父亲听了之后，就把自己的孩子取名为努尔哈赤，在满语中就是野猪皮的意思。其实，不单单是努尔哈赤，他还有两个名为舒尔哈齐、雅尔哈齐的兄弟，在满语中分别是"小野猪皮"和"豹皮"的意思。

明世宗嘉靖三十八年（1559 年），努尔哈赤出生于建州左卫苏克素护部赫图阿拉城（今辽宁省新宾县西老城）。他是名门之后，他的祖父觉昌安、父亲塔克世是建州左卫指挥，他的外公王杲更是"建州三卫"军事集团的首领。

在这样的环境下，努尔哈赤无忧无虑地长到了十岁。但在这一年，他的母亲去世了，而他的生活也发生了翻天覆地的变化。

为了政治利益，努尔哈赤的父亲再婚了。即努尔哈赤有后母了。努尔哈赤的这位后母背景很强大，是海西女真哈达万汗王台（当时女真各部间最强的势力）的义女。

在生活中，很多人闻"后母"为之色变，这确实有一些夸张，但在努尔哈赤身上，却得到了很好的验证。自从后母过门之后，努尔哈赤的好日子就到头了。这是因为他的后母对努尔哈赤及他的两个弟弟非常不好。原本还有父亲可以依靠的努尔哈赤，却因为父亲的"妻管严"（也有可能是为了讨好），生活得异常惨烈。

就这样，当其后母也为塔克世生下两个儿子之后，努尔哈赤和他的弟弟们在家里的生活更加窘迫。于是，努尔哈赤作为长兄，毅然而然地挑起了生活的重担，翻山越岭到深山中采集松子、人参、木耳、蘑菇等食物，还要进行狩猎，甚至通过倒卖山货、动物的皮毛来维持自己和弟弟们的生活。

圣人云，"天将降大任于是人也，必先苦其心志，劳其筋骨"。努尔哈赤就是在这样的情况下茁壮成长，终成长为一棵参天大树。

当时，李成梁被朝廷任命为辽东总兵，负责控制女真各部。他深谙纵横捭阖之术，常常利用女真各部的矛盾来控制局势。后来，努尔哈赤的外公王杲因起兵反明，战败被杀。而王杲的儿子阿台有幸得以逃脱，回到了古勒城。但李成梁并没有就此而放过他。万历二年（1574年），李成梁攻打古勒城。阿台的妻子是觉昌安的孙女、塔克世的侄女，觉昌安和塔克世因二人担忧她的安危，就进城探望。谁知，李成梁攻破古勒城之后屠城，他们二人被官兵误杀，未能幸免于难。当时，努尔哈赤和他的弟弟也在城中，但不知何种原因，被放走了（据说是因为长得帅，被李成梁的妻子放走）。

回到建州后，努尔哈赤诘问朝廷为何杀害其父、祖。朝廷或许觉得有愧于努尔哈赤，就将其父、祖的遗体归还，还给了努尔哈赤三十道敕书、三十匹马，并册封努尔哈赤为龙虎将军、都指挥使。

即便如此，努尔哈赤并不认同朝廷所说的误杀，而是将矛头指向了尼堪外兰（建州女真苏克素护河部图伦城主，助明军攻打古勒城的人），认为是他唆使明君将其父、祖杀害，并以此为由，凭借父、祖留下的十三副盔甲组成了一个组装小分队，从此开始了他的杀伐人生。

万历十一年（1583 年），努尔哈赤率领手下攻打尼堪外兰，最终取得胜利。尼堪外兰外逃，三年后，努尔哈赤再次攻打尼堪外兰。尼堪外兰战败，逃往明朝领地。尼堪外兰后被辽东总兵李成梁归还，被努尔哈赤处死。

在此数十年间，努尔哈赤的势力越来越大，女真各部也被他一一收服。1593 年，击败九大部落联盟；1603 年，击败哈达部落；1607年，击败辉发部落；1613 年，击败乌拉部落。

万历四十四年（1616 年），努尔哈赤在赫图阿拉建立"大金"政权，史称后金。至此，努尔哈赤基本上完成了女真族的统一。

万历四十六年（1618 年），努尔哈赤以"七大恨"为名，起兵反明。

万历四十七年（1619 年），努尔哈赤与明军决战于萨尔浒，大败明军，歼灭明军约六万人。至此，明朝和努尔哈赤的战略地位发生了大逆转。

胜败乃是兵家常事。天启六年（1626 年），努尔哈赤发起宁远之战。本以为胜券在握的努尔哈赤，最终败在了明军守将袁崇焕的红衣大炮之下，无奈退兵。同年，努尔哈赤又亲率大军攻伐蒙古喀尔喀，大获全胜。但天不假年，努尔哈赤回师盛京（沈阳）后，因身患毒疽去世（也有说是被袁崇焕的炮火所伤，郁闷而死），终年六十八岁，葬于沈阳福陵。

努尔哈赤之所以能够取得如此大的成就，一方面是因为他出色的军事才能，另一方面还有赖于他所制定的一系列方针政策。努尔哈赤军事行动的准则是"恩威并行，顺者以德服，逆者以兵临"，即"以抚为主，以剿为辅"的方针政策。比如说，额赫库伦部女真不肯降服，努尔哈赤就派军前去剿灭，灭其国，地成废墟。又比如，对于投降的部族，仍保持他们原有的地位，不剥夺他们的财产。还有，对于前来归顺的部族，努尔哈赤会进行优厚的赏赐。根据史料记载，由于努尔哈赤的这种做法，使得前来归顺的部族竟多达两三百个，大大加快了女真统一的进程。

第二章

盛世帝王

第一个盛世的开创者——汉文帝刘恒

汉文帝刘恒，是汉高祖刘邦的第四个儿子。汉高祖十一年，刘恒被封为代王。

刘邦驾崩后，长子刘盈即位，为孝惠帝。刘盈的生母就是吕雉，被尊封为皇太后。吕雉为了独揽大权，催促刘邦的其他皇子前往封地。刘恒就去了代国，这一去，就是十七年。

这十七年间，中央朝政一直被吕太后把持。惠帝驾崩后，吕太后临朝称制，弄了几个小皇帝当傀儡，大肆分封自己的娘家人为王侯。吕氏外戚嚣张跋扈，不可一世。很多跟着刘邦打天下的老臣都看不惯，但是屈服于吕太后的强权压迫，也不敢提出反对意见。

西汉高后八年（公元前 180 年）八月，吕太后病逝。陈平、周勃等人趁机剿灭了吕氏家族，然后商议选新的皇帝。

鉴于吕氏外戚专权的教训，陈平等人定下了一个标准：新皇帝的母亲一定得是没有什么背景的普通女人，否则就会有再次出现外戚专权的局面的风险。

于是大家就选了刘恒。

刘恒的母亲薄姬，原本是项羽部将魏豹的妾，魏豹被击败后，薄姬被召入汉宫。她的娘家几乎没人，而且她本人也不受刘邦的宠幸，很符合陈平等人选新帝的标准。于是，陈平就派使者到代国去迎接代王回京。

此时刘恒在代国已经待了十七年，他为人一向很低调，生活上很朴素，政治上没野心。听说京城使者来请他去做皇帝，他表示很怀疑。

大臣张武说："陈平这些人，都是跟着先帝打天下的老部下了，常年带兵，狡诈多谋。不能轻易答应他们，要静观其变。"

中尉宋昌说："你们说得不对。现在诸吕已经被剿灭了，天下是刘家的天下，是众所周知的事。陈平等人不可能有谋逆之心，他们是想赶快迎立大王为皇帝。大王不要怀疑。"

刘恒犹豫不决，就跟他母亲商量。商量之后仍摇摆不定。

于是刘恒就命人占卜。占卜的结果是"大横庚庚，余为天王，夏启以光"。

刘恒有点晕，说："我已经是王了，怎么还要让我当王呢？"

占卜的人说："所谓天王，就是天子的意思。"

刘恒很高兴，就决定往好的方面想。他派自己的舅舅薄昭先到长安去见陈平等人，问清事实真相。陈平等人把事情始末告诉了薄昭，薄昭火速返回代国，对刘恒说这事是真的，不要再怀疑了。

然后刘恒就进京，在陈平、周勃等人的拥戴下，做了皇帝，是为汉文帝。

文帝即位后，考虑到自己在朝廷里的根基并不深厚，他就采取了一系列措施巩固自己的统治地位。

陈平、周勃等人，剿灭诸吕有功，对他还有拥立之功，因此是首要的封赏对象。封周勃万户侯，赏赐黄金五千斤；陈平三千户，黄金两千斤；朱虚侯刘章、襄平侯刘通、东牟侯刘兴各两千户，金千斤。自己原来的重臣张武、宋昌等，都位列九卿。

由于文帝是被一帮老臣迎立的，因此一些皇室成员对他有看法，认为他是"摘桃派"。因为高祖的儿子不只是他一人，其他人在法理上也有资格即位。为了在宗室中获得更高的认可度，文帝就恢复了以前被吕后打击的那些刘氏王侯的爵位，并且新立了一大批刘姓诸侯王，拉拢他们的势力。

但是，"治国之道，一张一弛"。光给胡萝卜不行，有时候也得用大棒子。周勃身为丞相，仗着自己有拥立之功，就傲慢无礼，都不把文帝放在眼里。文帝就下诏让列侯回到自己的封国，让周勃这个丞相先做出表率。周勃被免去丞相的职务，回到自己的封地，担心自己被抓，整日战战兢兢，在家都披着铠甲。有人向汉文帝举报说周勃谋反，文帝就派人把周勃抓了起来。周勃慌忙通过文帝的舅舅薄昭向文帝求情，说明真相，最后才被放出来。

周勃是功臣之首，文帝对他的打击，无疑是杀鸡儆猴，很好地震慑了其他大臣。

收服了大臣，还要对付诸侯王。因为当时的诸侯王势力已经过于庞大，严重威胁到皇权。文帝即位的第三年，济北王刘兴居起兵叛乱，开创汉朝诸侯王武装对抗朝廷的先例。文帝派兵将其镇压。三年后，淮南王刘长也兴兵造反，由于走漏了消息，还没有发兵，就被文帝的使者抓捕。文帝免去了淮南王的封号，把他发配到蜀郡。走到半路上，淮南王羞愤难当，绝食而死。

针对诸侯王势力的扩张，二十八岁的贾谊给文帝上书《治安策》，指出诸侯王的问题主要在于两点：一是同姓诸侯王和异姓诸侯王对于朝廷的威胁是一样的；二是强者先叛乱，逼着弱者叛乱，到最后就没有不叛乱的。所以解决办法是"众建诸侯而少其力"，意思是，可以大量封王封侯，但要减少他们的封地，分割他们的势力，让他们无法做大。文帝对贾谊的对策很赞赏，但是当时的形势制约着他，让他无法全力跟诸侯王对抗。因此诸侯王的势力越来越大，为后来的"七国之乱"埋下了隐患。

稳定了政局之后，文帝对朝政进行了一系列改革。他沿袭了高祖、吕太后执政时期休养生息的政策，定下了以"黄老之术"为治国思想的基调。法制方面，他废除"一人犯罪，株连全家"的连坐制度，取消进出关所要出示的证件。经济方面，他轻徭薄赋，减轻百姓负担，激发农民种地的积极性。文帝二年宣布免去当年一半田租；文帝十二年，他把田租由十五分之一减为三十分之一；文帝十三年，免去天下一年田租。至于徭役，由以前的每年几次减为每三年一次，这么轻的徭役，在我国君主时代是独一无二的。同时，他还下令开放原属于国家的山林川泽，矿产渔业，允许私人开发，极大地促进了农副业和商业的发展。

生活上，汉文帝崇尚节俭，反对奢华。他在位二十三年，车驾衣物都没有增添，平常穿戴的都是粗糙的绸缎衣服，而且不仅自己如此，他还要求后宫的妃子也要简朴。他所宠爱的慎夫人，裙子长度不落地，宫里的帷帐连花纹都没有，都是素净的。他还屡次下诏，严禁各地向他进贡奇珍异宝。

汉文帝的节俭，为天下做了表率，为社会带来了良好的风气。在中国所有的帝王中，汉文帝的节俭是排在前列的，为后人所称道。

对少数民族，汉文帝也采取了以安抚为主的政策，极少动兵。他与匈奴和亲，派使者与南越搞好关系，促进了各民族之间的融合，减少了百姓的伤亡，为汉民族的发展作出了很大贡献。

汉文帝的施政方针，使汉初的社会经济飞速发展。流民回到家园，商人遍布天下，社会秩序也日渐稳定，国家从乱世进入治世，开启了"文景之治"的新纪元，对中国历史产生了十分深远的影响。

公元前157年，汉文帝在长安城未央宫驾崩，享年四十七岁。作为中国历史上第一个盛世的开创者，汉文帝对中华民族的发展作出了不可磨灭的贡献。

文景之治——汉景帝刘启

汉景帝，名刘启，是汉文帝刘恒的第五个儿子，西汉的第四位皇帝。

刘启出生在代国，他的母亲窦氏是父亲的一个爱姬。他有四个兄长，都是父亲的王后所生。父亲当皇帝前后，这四个兄长陆续病死。于是刘启被立为太子。

文帝驾崩以后，刘启登基为汉景帝。景帝也极为信奉黄老之术，他治国的路线跟文帝是一致的，轻徭薄赋，休养生息，崇尚节俭，发展农副业和商业，大政方针基本不变，唯一的变化就是在对待诸侯王的态度上，文帝是姑息之，景帝是打击之。

出现这种变化的主要原因是，诸侯王的势力发展得实在太快，严重威胁到了皇权，已经到了必须打击的地步。

早在刘启当太子的时候，他就跟诸侯王发生过冲突。冲突的对象是诸侯王中最强硬的角色——吴王刘濞。

刘濞是刘邦二哥刘仲的儿子。当年异姓王淮南王英布叛乱，刘邦御驾亲征前去平叛，年仅二十岁的刘濞也在刘邦的队伍里。他骁勇善战，作战十分勇敢，带着骑兵击溃了英布的部队。英布兵败被杀，淮南地区就空了出来。刘邦觉得这个地区民风彪悍，难以治理，必须派个强硬的藩王才能镇住，自己的几个儿子都很小，而且文弱，不适合去。而刘濞的勇猛正好被刘邦看在眼里，于是就封刘濞为吴王，统辖吴国五十三城。

吴国地大物博，所辖的豫章郡盛产铜矿，刘濞就私自铸造铜钱，这些私造的铜钱在整个西汉流通。吴国临海地区产盐，刘濞就晒海为盐，远销全国。靠着这两项收入，吴国的经济远比其他诸侯国富足，甚至超过了中央。刘濞财大气粗，就免去了吴国人的赋税，甚至经常拿钱来补贴穷人，因此得到了国人的极大支持。

有了钱，刘濞就开始不安分起来。他召集亡命徒，收留江洋大盗，扩充兵力，发展自己的军事实力。

汉文帝时，刘濞派世子刘贤入朝。刘贤到了长安，就日夜陪着太子刘启读书喝酒。有一次，两人在一起下棋，发生了争执。由于刘贤在吴国养成了嚣张跋扈的性情，竟对太子出言不逊。太子一时性起，拿着棋盘狠狠地砸向刘贤的头，当场就把刘贤砸死了。事后，文帝惩罚了太子，命令把刘贤的尸体送回吴国安葬。结果使者到了吴国，吴王刘濞大怒道："天下都是刘家的，死了就埋在长安，还拉回来干什么！"然后又命人将刘贤的尸体送回长安埋葬。

这件事，为刘濞日后叛乱种下了祸根。

刘启登基后，诸侯国的势力进一步扩大，王权和皇权之间的矛盾更加激化。御史大夫晁错就给景帝上《削藩策》，建议削减诸侯的封地。景帝同意了，下诏削减楚王刘戊的东海郡、赵王刘遂的河间郡、胶西王刘昂的六个县，还跟大臣商议削减吴王刘濞的封地。

吴王看景帝动作不断，就打算谋反。他亲自前往胶西，与胶西王协议共同造反，事后共分天下。胶西王表示同意，并且去串联自己的兄弟。吴王又派使者去跟楚王、赵王联系，相约谋反。

不久之后，汉景帝的诏书果然到了吴国，诏令削减吴王的豫章郡和会稽郡。这两个郡，一个产铜，一个产盐，是吴国的经济命脉。吴王当然不会答应，当即就杀了朝廷的使者，并且谋杀了吴国朝廷配置的所有两千石以下的官吏，然后征募国内十四岁以上、六十岁以下的男子入伍，得兵三十余万，一边联合串通好的楚王刘戊、赵王刘遂、济南王刘辟光、淄川王刘贤、胶西王刘昂、胶东王刘雄渠六王起兵，一边派使者去跟匈奴、闽越、东越勾结，以"诛晁错，清君侧"的名义，杀向长安。

由此，便爆发了西汉历史上著名的"七国之乱"。

　　由于刘濞早有预谋，一切都计划得很周密，所以叛军向西北推进的速度很快。汉景帝得知七国都叛乱了，非常震惊，因为当时这些诸侯国的封地加起来，占到全国的一半还多。若是单论军力物力，朝廷未必是叛军的对手。

　　汉景帝便找晁错来商量，晁错建议景帝亲征，自己守京城。景帝当然不赞成。曾经当过吴国丞相的袁盎看穿了景帝的心思，便秘密找到景帝，对景帝说，叛军的目的是杀晁错，只要满足叛军的要求，叛军就退兵了。

　　袁盎实在是小人之见。因为叛军杀晁错只是个借口，真正的目的是要夺天下，而且造反是没有退路的，岂能因为一个晁错而轻易罢兵？

　　但是景帝信了。他派袁盎秘密出使吴国，去跟刘濞谈判。正好朝廷大臣联名上书，说"七国之乱"是晁错引起的，景帝就下令把晁错腰斩。

　　晁错死后，叛军并未撤兵，刘濞甚至自称东帝，与朝廷分庭抗礼。景帝这才意识到必须用武力镇压叛乱，于是派太尉周亚夫率领三十六位将军抵挡叛军。结果不到三个月，叛乱就被平息，七王全部身死。

　　七国之乱平息后，汉景帝趁机削弱诸侯王的权力。除了保留楚国之外，参与叛乱的其他六国统统被废，并且取消新任诸侯王的政治权力，规定诸侯王不准过问封国的政事，不能任免官吏，只能按照朝廷规定的数额收取封国内的赋税作为开支，政务全部交给朝廷委派的官吏打理。

　　此后，诸侯王再也不能与朝廷对抗，皇权被大大加强了。

　　诸侯王势力过大是景帝在位期间最大的问题，是社会发展的最大阻力。解决了这件事，其他政策才能推行。汉景帝在平定"七国之乱"后，继续施行无为而治的政策，轻徭薄赋，大力发展经济，最终在文帝的基础上，打造出中国历史上第一个盛世——"文景之治"，为当时的百姓带来了幸福，为汉武帝的盛世奠定了基础，推动了历史的发展。

雄才伟略——汉武帝刘彻

相信看过电视剧《汉武大帝》的人，都应该对它的开篇语有很深的印象：他铸就了一个国家前所未有的尊严，他给了一个族群挺立千秋的自信，他的国号成了一个民族永远的名字。

短短几十字，足以让人热血沸腾。

众所周知，自汉高祖刘邦建立汉朝开始，就经常受到匈奴的侵扰。

盛怒之下的汉高祖悻然发兵，亲率三十二万大军讨伐匈奴。

理想是美好的，但现实却是残酷的。本来认为万无一失的汉高祖竟然马失前蹄，栽在了匈奴的手中，于白登山被匈奴围困七天七夜。如果不是陈平想出"献美女图解白登之围"的计策，估计高祖就会葬身在白登山了。

这次出征让汉高祖认识到了匈奴的厉害。而当时汉朝刚刚经历楚汉之争，无论从哪点上看，都不适合再次兴兵打仗。于是，就有了以和亲手段换取与匈奴和平共处的办法。但不管是汉朝还是匈奴换"皇帝"时，匈奴仍旧习惯性地再来骚扰。

骚扰，打，和亲；再骚扰，再打，再和亲；第三次骚扰，第三次打，第三次和亲……

看来，作为狼性民族的匈奴，使用和亲的方式是无法改变其本质上的侵略性的。

那么，就开战吧！将他们驱逐到大漠中去，可保大汉王朝安宁。这样，是不是就能使边境安宁了呢？

汉武帝应该就是这样想的。作为一位极具魄力的皇帝，汉武帝是非常崇尚武力的，这一点从他持剑主朝就可以看出。在他的领导下，汉王朝就像一只雄狮，从睡梦中慢慢睁开它霸气的双眼。

和亲，在汉武帝时期终结！

公元前133年，汉武帝结束了自汉高祖以来对匈奴的和亲政策，对匈奴正式宣战。

卫青、霍去病、李广，这些名留青史的大将军，聚集在汉武帝麾下，在这个时代闪烁出耀眼的光彩。

改变必定会有阻力。和亲政策已经持续了几十年，朝野间的"顽固派"们纷纷高唱反调，强烈反对以武力对战匈奴。但是，这些声音都在汉武帝的坚持下渐渐消失了。

虽然首战无功而返，但在之后的河南之战、漠南之战、漠北之战这三大重要战役中，汉武帝深思熟虑，制定出详细的作战部署，甚至连具体的用兵时间、兵力部署、攻击方向都一一制定出来。

最终，匈奴被一举扫平。河套与河西走廊重新回到汉王朝版图的怀抱。

除却与匈奴的战争之外，汉武帝还兴兵灭卫氏朝鲜政权，设四郡，使南方夜郎、南越政权归附汉朝，设七郡。

在历史上，能否取得战争的胜利是衡量一个帝王成功与否的重要标志。从这一点来看，汉武帝无疑是成功的。但是战争，总归要消耗国家的资源和钱粮，而这些资源和钱粮都是从百姓身上榨取的。所以，也有人认为汉武帝好大喜功，长期的战争导致汉朝境界盗贼四起，祸及百姓。还有，原本国库充盈的大汉也逐渐空虚。试想一下，原本已经富裕的大汉王朝，一下子又变回积贫积弱的穷国，是不是很令人不快？战争到最后，遭罪的终究还是百姓。

当然，这个观点也没错。谁不愿意安居乐业呢？

但是，一个民族是否应该先挺起胸膛，才能傲立于世界之林？

做人，要有骨气！

所以，汉武帝的功还是大于过。因为他为大汉王朝乃至后世打造了一道坚硬、挺直的脊梁。

当然，作为一位伟大的帝王，文治武功缺一不可。以上内容是汉武帝的"武功"，下面说一下他的"文治"。

第一，罢黜百家，独尊儒术。对于人的思想，总是很难得到统一。但是，这一点汉武帝做到了。当时，为了巩固多民族国家的统一，加强中央集权，他听从了儒生董仲舒的建议，在诸子百家中选择儒家作为统一国人思想的工具。由此，基本结束了王侯割据的局面。需要注意的是，此种做法并非限制其他各家的发展，而是提倡儒法结合，即"外儒内法"。

第二，削弱丞相的权力。从汉高祖刘邦到汉景帝刘启，历经四代，担任丞相的人大都是跟随高祖打天下的功臣，所以历代皇帝对他们都较为礼遇。由于丞相在朝野间的威望很高，所以和皇帝权力的分配有矛盾。直到汉武帝时，他和丞相多有不和，经常找理由打压丞相，甚至将丞相处死，最终导致朝中大臣不愿接受丞相之职。由此，大权得以集中掌握在汉武帝手中。

第三，行察举制度。汉武帝听取儒生董仲舒的建议，在全国推行察举制度，创建乡学、太学，进一步拓宽了国家的人才选拔范围，形成中国独特的文官制度。

第四，颁布推恩令。这一举动是为了加强中央集权。表现形式为诸王可以将自己的土地分给子弟，建立小的诸侯国。既削弱了诸侯的实力，又避免了诸侯叛乱的可能，一举两得。

第五，开辟丝绸之路。与匈奴作战时，汉武帝派张骞出使西域。张骞历经十三年，饱受苦难，终于安全返回大汉。汉武帝通过张骞首次出使获得的情报，了解到西域的情况。之后，在打败匈奴，夺取河西走廊的情况下，成功开辟汉朝与西域的全新通道。又通过张骞的二次出使，与西域建立了联系。此后，中原的冶铁术、丝绸制造等技术传入西域，而西域的天马、葡萄、核桃、胡豆、黄瓜等动、植物传入中原。丝绸之路的开辟，历史意义十分重大。

除了以上五点，汉武帝还设立了十三州刺史制度，加强了中央对地方的监督和控制，起到了强干弱枝的作用。

纵观武帝的一生，平匈奴、尊儒术、通西域、拓疆土等，都是雄才伟略的表现。西汉王朝是一个充满阳刚之气的年代，虽然离我们的时代很遥远，但仍让我们津津乐道。

被人遗忘的皇帝——汉明帝刘庄

在历史这个无比宏大的舞台剧中，出现了很多人。其中，有些人被我们记住了，而有些人却被我们遗忘。汉明帝刘庄是一位被人遗忘的皇帝，虽然他是一位明君。

刘庄的名声不够响亮，但对他的父亲和母亲，大家应该是熟悉的。他的父亲是东汉开国帝王汉光武帝刘秀，母亲是光烈皇后阴丽华。

"为官莫若执金吾，娶妻当如阴丽华。"这是汉光武帝当年在街头发出的感慨。而这两句话，也让后世永远记住了阴丽华这个名字。

刘庄作为刘秀和阴丽华的儿子，被称为"皇二代"名副其实。但是，名声响亮的永远是第一，而非第二。这是亘古不变的道理，所以刘庄的名声不响也就可以理解了。

刘秀的性格比较宽厚温和，但刘庄却并非如此，他的性格稍显暴躁严苛，这一点从一件小事上就能够看出。

刘庄登基后的一天，大臣药崧因为一件小事惹怒了刘庄。为了出一口恶气，刘庄手拿大棒，在宫中上演了"追杀记"。刘庄边追边打，嘴里还嘟嘟嚷嚷（估计不是什么好话）。他们围着大殿转了一圈又一圈，气喘吁吁下的刘庄还是不肯放过药崧。药崧眼见事情没完没了，就一头扎进了床底下。刘庄估计是累了，只见他挂棒而立，大喘几口气后说道："你赶紧给我出来，且吃我三百棒。"而药崧在喘气均匀后，慢悠悠地说道："自古以来，天子代表的都是庄严肃穆，从来没听过皇上亲自拿棒子打人的。"汉明帝听后一愣，想了想，把棒子丢到了一边，悠悠地说道："算了，恕你无罪，出来吧。"

这一幕并不是小说家杜撰出来的，而是发生在汉明帝刘庄身上的一件真事。从这件小事可以看出，汉明帝并不是一个"好脾气"的人。但正是这位脾气暴躁的人，在当时的政治背景下，将光武帝开创的治世发扬光大。

其实，汉明帝的"暴躁"是有原因的，这是他的一种政治手段。

光武帝作为东汉的开国君主，对待臣下采取的是宽松的政策，这是因为他具有较高的威信。而刘庄作为一个"皇二代"，并不具备他父亲那样的威信，为了震慑臣下，他只好选择这种严苛的方式。当然，汉明帝的驭人之术也取得了极大的成果。朝野间纲纪整肃、吏治严谨，行政效率明显提高。

历朝历代，一个皇帝最不能忍受的事是什么？应该是别人试图染指皇位、图谋不轨吧！皇位就如同皇帝的逆鳞，是他人绝对不能触碰的。如果谋反成功，结果不言而喻；但如果失败了，那将承受灭顶之灾。

权力面前无亲人，这是古代皇室的生存法则。

但汉明帝刘庄却偏偏是一个例外。当他面临兄弟谋反时，并没有大下杀手，而是一而再，再而三地宽恕自己的兄弟。

中元二年（57年），汉光武帝刘秀驾崩。在他的葬礼上，出现了令人瞠目结舌的一幕。

当时，从各封地返回参加光武帝葬礼的诸侯王们（刘庄的兄弟们），竟然和即将登上皇位的刘庄坐在同一个位置上。行为举止轻浮放肆，好像他们才是未来的帝王一般，丝毫不把即将荣登皇位宝座的刘庄放在眼里。就在刘庄的面子快要丢尽时，顾命大臣赵憙实在看不下去了，才将这些目中无人的王爷赶了下去，结束了这场闹剧。

其实，从这里就能看出诸侯王们对皇位的觊觎之心。

通常，大多数人是有贼心没贼胆的。但是，此时就有一个既有贼心又有贼胆的人出手了。他就是刘庄的亲兄弟——山阳王刘荆。

刘荆的具体思路是这样的：拉拢一个人联合动手推翻皇太子刘

影响中国古代历史的帝王

庄，夺取皇位。

所以，选择谁就成为重中之重。他把目光放在了前太子，现为东海王的刘强身上。当然，他的结局会使他明白自己的选择是多么错误。

要想拉拢人，必须要有拉拢人的方法。而刘荆的拉拢方式就是写信。他在信中写道：您是先帝的长子，却无端被废，连生母都遭到贬斥，实在太过屈辱。如果你愿意，我们可以联合起来，共同起兵，推翻刘庄，夺回帝位。

刘荆猜到了开头（根本不用猜），却没有猜到结局。他怎么也不会想到，这封信只不过在刘强手中停留片刻，就被送到了刘庄的眼前。谋反计划失败！

事实证明，想要拉拢人，就必须对拉拢对象有所了解。刘荆的错误就是在不了解刘强的情况下，冒冒失失地写信，于是就暴露了。

当时，所有人都认为刘荆要完了。但最终的结果却出人意料——"遣荆出止河南宫"。意思是说，把刘荆转到河南宫居住。需要注意的是，刘庄并没有把他软禁起来。

对于一个想要谋反的人而言，这种惩罚（其实也算不上惩罚）实在令人难以置信。但这就是明帝对待兄弟谋反的一种态度。

明帝都已经如此高抬贵手，按理说刘荆应该感恩戴德了吧？

但事实却是："时西羌反，荆不得志，冀天下因羌惊动有变，私迎能为星者与谋议。帝闻之，乃徙封荆广陵王，遣之国。"刘荆趁西羌作乱，再次密谋造反，但和上次一样，最终还是被明帝知道了。而他最后受到的惩罚是：转封为广陵王，被遣回封地。

当然，这一处罚结果再次令天下人大跌眼镜。

而刘荆在经过两次谋反（未遂）未被惩罚之后，胆子也越来越大。

当他回到自己的封地后，找来一个算命先生。

刘荆："我长得很像先帝，先帝三十岁得了天下，现如今我也三十岁了，你看我可以起兵吗？"

其实，可以用一句话来形容刘荆，那就是"江山易改，本性难移"。你想谋反可以，但别总让人告发好吗？

好吧，看相的人又把他告发了。一而再，再而三，再有耐性的人估计也忍受不了，更别说明帝并不是很有耐心的人。但即便如此，刘荆最后得到的惩罚也只是被软禁起来。

话说，都已经三次了，而且还被软禁，这次可以消停了吧？刘荆偏不。在这种情况下，刘荆还想再次谋反。他找来巫婆、神汉之类的人物，想要用诅咒把明帝诅咒死。可悲的是，消息又走漏了。有人向明帝上奏，要求诛杀这个整天想造反的王爷。

在明帝还没答应时，刘荆就畏罪自杀了。不得不说，刘荆真乃一代"奇人"，每次想造反，都有人走漏消息。

可能很多人会疑惑，为什么明帝会对刘荆的造反如此法外开恩，会不会是亲兄弟的原因致使他无法下狠手呢？

其实并不是这样，因为在刘荆之后，还有人想要谋反。而这几位并不是明帝的亲兄弟，比如明帝的异母弟楚王刘英、济南王刘康、淮阳王刘延。但最后，他们所受的惩罚也不过是废王易封、削弱封国而已。

很多人会有疑问，为何汉明帝刘庄能够如此宽容地对待诸侯王谋反呢？史书上的汉明帝好像是一个严苛急躁的人啊。

其实，汉明帝之所以如此宽容地对待诸侯王谋反，是因为他明白问题的根源并不在诸王，杀死他们并不能从根本上解决问题。

汉明帝把真正的杀招对准的是这些诸侯王背后的势力——地方豪族。

豪族，也被称为豪强，如果从它的起源开始说起，会比较烦琐。在这里，我们用一句话来概括：以血缘为纽带形成的势族力量。

在古代，豪族们通常拥有很强大的势力。由于他们的强大，所以就成了威胁皇权的一大危险因素。所以，打击豪强，就成为古代官府的一大要务。

但是，东汉时的政治背景较为特殊。因为光武帝刘秀就是豪族出身，是南阳地方豪族的代表人物。而他打天下时所依靠的势力也是地方豪族，分别是河北豪族势力及南阳豪族势力。

所以，到了汉明帝刘庄时，如何运用、制衡豪族势力便是对他的一大考验。

需要说明的是，南阳豪族势力是从属于阴氏（阴丽华家族），而河北豪族势力从属于郭氏（郭后家族）。一边是自己的亲生母亲，一边是刘秀的前皇后郭氏，根据关系远近，汉明帝理所应当地选择了前者作为依仗。

所以，当诸侯王谋反的背后有郭氏豪族时，明帝采取了雷霆之势对郭氏豪族进行打击。打击力度不可谓不大，打击面不可谓不广。

所以，宽容谋反主犯，却严厉打击其党羽，便是明帝的策略。其实，真正有实力的并非主犯，而是郭氏豪族势力。这股势力严重威胁到明帝赖以依靠的阴氏豪族势力，所以，只有把郭氏削弱至汉明帝可以掌控的安全范畴，他才能够安心。因为他要的是以南阳阴氏豪族为主导、河北郭氏豪族为辅的稳定架构，这才是明帝的核心政策。

史上明君之一——唐太宗李世民

除却三国，人们最为熟悉的应该是波澜壮阔的隋唐时代。那个年代英雄辈出，为万民景仰；那个年代明君闪耀，为后世膜拜。

在众多名留青史的隋唐人物中，首先浮现在脑海中的人是谁？

想必会是唐太宗李世民吧，这位名传万世、震烁千古的一代明君。

李世民，唐朝的第二位皇帝，史上著名的三家、一人。何为三家、一人？三家是指军事家、政治家、书法家，一人则是指诗人。

没有想到吧，这位历史上的伟人，竟然还是书法家、诗人。

但这并不是重点，重点是由他开创的贞观之治，一举将中国封建社会推向鼎盛时期，对后世也产生了极大的影响。

开皇十八年（598 年），唐太宗出生在京兆武功（今陕西武功西北），是唐高祖李渊与窦太后的次子。少年时就跟就随李渊起兵反隋，为大唐的建立发挥了巨大作用。

有人说，李世民才是大唐的实际创建人，这种说法是错误的。但他所发挥的作用，确实是巨大的。唐朝建立之初，它的疆域仅限于关中、河东一带。因此，李世民经常带兵出征，将敌对势力一一剿灭，如李轨、薛仁杲、宋金刚、刘武周、王世充、窦建德等人都败在他的手下。

但是，随着李世民威望的逐渐升高，新的麻烦也就接踵而至，那就是与其兄弟（太子李建成、齐王李元吉）之间的猜忌日益加深。

当时，在朝中大致可以分为三派。一派是以李建成为首的太子党，成员有齐王李元吉、宰相裴直、谋士王珪、魏徵、将领薛万彻等。另一派则是以李世民为首的秦王党，成员有谋士杜如晦、房玄龄，将领有尉迟敬德、秦叔宝、侯君集等。第三派则保持中立态度，有李靖、徐世绩、宇文士及等人。除此之外，长孙无忌等大臣暗中支持李世民。

皇位只有一个，想当皇帝的人却有两人，这就导致了"玄武门之变"的发生。

武德九年（626年），李世民发动"玄武门之变"，杀死太子李建成、齐王李元吉，强迫高祖退位（这一点做得不太好）。之后，于八月初九甲子日登基称帝，次年改年号为贞观。

一位帝王之所以能被后人称为明君，在很大程度上取决于他是否从谏如流。而这一点，唐太宗做得绝对是极好的。

君王如玉，良臣如匠。一位好的帝王一定需要好的臣子来辅佐，才能成就一番事业。唐太宗慧眼独具，深刻地认识到这一点，所以他从不独断专行，而是敞开胸怀接纳大臣的进谏之言。为了能更好地保证发布政策的正确性、可行性，他设立了尚书省、中书省、门下省三个互相监督的政治管理机构，需要颁布的法令，必须经过门下省审查副署后才能正式发布。

"以铜为镜，可以正衣冠；以古为镜，可以知兴替；以人为镜，可以明得失"，相信大家对这几句话都很熟悉。这正是魏徵去世时，唐太宗所说的千古名言。

魏徵是唐太宗朝中极好的"工匠"之一，为了雕刻一块完美无瑕的"宝玉"，付出了很多的心血。

魏徵最初跟随的是前太子李建成。李世民称帝之后，知道魏徵是一个人才，非但没有重罚他，还任命他为谏议大夫（专门挑皇帝毛病的官），后来又被任命为宰相。据史料记载，魏徵一生中共向唐太宗进谏二百多次。每一次，唐太宗都会认真考虑，尽量采纳他的意见。

对于唐太宗和魏徵，还有很多有趣的故事，我们可以从这些事情中，发现唐太宗作为一位帝王身上的闪光点。

众所周知，魏徵是一个敢于犯颜直谏的人，就算唐太宗恼羞成怒，也要据理力争，从来不考虑给唐太宗留面子。随着时间的增长，唐太宗也对魏徵产生了敬畏之心。有一次，唐太宗想到秦岭山中打猎取乐，当装备都已收拾齐全后，却迟迟没有出发，最后竟不了了之。后来，当魏徵问起此事时，唐太宗竟苦笑着回答："本来有这个想法，但后来又想到你，害怕你再直言进谏，所以就把这个念头打消了。"

还有一次，唐太宗得到了一只上好的鹞鹰，正在玩耍时，远远看到魏徵向他这里走来，匆忙之下就把鹞鹰放在了怀中。但唐太宗不知道的是，魏徵早已看见了这一幕。他故意延长时间奏事，最终使鹞鹰闷死在唐太宗的怀中。

历朝历代，鲜有皇帝害怕臣子，而唐太宗却是一个例外。但是，作为一个从少年时就征战沙场的军事家，唐太宗有必要害怕一个文人、一个臣子吗？其实，唐太宗表面上是害怕，但深层次的原因却是尊重，是从谏如流。纵观历代帝王，能够做到像唐太宗这样的，实在是寥寥可数。

除却从谏如流之外，唐太宗还完善了由隋朝开始的科举制度，并加强了教育制度，而这也为天下的学子们开辟了一条较为公正的晋升之路。也正因为如此，当天下英才踊跃而来时，唐太宗发出了"天下英雄尽入朕彀中"的豪迈之语。

还有，唐太宗对廉政建设也十分重视。但是，和明太祖朱元璋严惩贪官污吏不同，唐太宗采用的方法是建立一个廉政奉公的领导核心。他以身作则，平时注重节俭。上梁正则下梁正，一种朴素求实的风气逐渐形成。加上良好的行政监督，最终使朝中的官员廉洁奉公、自律守法。甚至在朝中还有一些大臣的家境都甚为贫寒，如魏徵、张玄素、于志宁等。

以上内容都是唐太宗的"文治"，而他的"武功"无须多言，从他统一全国中的赫赫战功就能体现出来。但是，唐太宗的伟大还不仅限于此。

贞观四年（630年），李靖、李勣大破突厥，东突厥灭亡，唐朝的版图得以进一步扩大。当时，东突厥人有的投奔薛延陀，有的去了西域，而剩下的十万多人则投降唐朝。当时在朝廷之上，就如何处理这十万突厥降众展开了激烈的讨论。

第一种意见，也是多数人的意见：将他们全部迁到黄河以南的地方居住，采用分而化之的方式，让他们分散居住在各个州县，学习耕种、纺织。这样，就能将他们同化为温和的内地居民。

第二种意见，也是少数人的意见：游牧民族向来都是弱时臣服，强时叛乱，应该把他们赶得远远的，赶到茫茫草原之中，这样就能除却后患了。

第三种意见，也是一个人（温彦博）的意见：应该把突厥降众归置在河套地区居住，那里水草丰美，非常适合他们居住。这样既保全了他们的部落，也加强了北方的边防力量。

最后温彦博说："天子对待世间万物应一视同仁，现在突厥来降，怎么能把他们拒之门而外置之不理呢？"

事实证明，真理永远掌握在少数人手中，多数人得听从少数人的，少数人得听从一个人的。第三种意见只有温彦博一人提出，所以胜出。

唐太宗最终听取了温彦博的建议，在河套地区设都督府，用来统领突厥降众。并且对愿意归附的各级酋长，都给予官职。由于该政策的实施，当时在朝中任职的少数民族官员竟达到了一百多人，在长安城中居住的少数民族竟达到了近万家。正因如此，唐太宗得到了大唐周边民族的支持和拥戴。至此，唐太宗的外交政策取得了辉煌的成就。如今"唐人街"这一称呼便是当年唐朝对海外的巨大影响。

他们以唐朝为荣，尊称唐太宗为"天可汗"。

作为一代帝王，作为一名影响中华，甚至影响世界的伟大人物，唐太宗任用贤能、从谏如流、视民如子、不分华夷，实为古代帝王之楷模。

中国唯一正统的女皇帝——武则天

陕西省咸阳市区西北方向约五十公里处的乾陵，是唐高宗李治和武则天的合葬陵。在陵前有两块石碑，其中一块为"述圣碑"，是武则天为了歌颂高宗功德而立。而另一块石碑，却稍显怪异，因为石碑之上光滑如玉，无一字迹。

历史的车轮轰然碾过，一刻不愿停息。人们是否记得，曾经有一位风华绝代的女人，用她的残忍和聪明、疯狂和冷静，在浩浩的历史长河中画下了浓重的一笔。

她就是武则天，历史上唯一一位被承认的女皇帝。

武则天，十四岁入宫，被唐太宗封为才人。唐太宗驾崩之后，入感业寺为尼。高宗继位之后，在感业寺与她相见，复召入宫，封为昭仪。

对于武则天相继成为唐太宗、唐高宗的妻子，我们只能说，唐朝是一个开放的朝代。其他不再多做表述。

武则天入宫之后，她的足智多谋渐渐显露，深受唐高宗的喜爱，不久之后，就被立为皇后。显庆五年（660年），唐高宗由于身患风疾，对朝政之事力不从心，于是便让武则天处理朝政。麟德元年（664年），李治让宰相上官仪起草了废掉武则天的诏书。墨迹未干时，武则天及时发现，软硬兼施，废掉皇后的事只好以失败而告终。于是，武则天向李治建议让她一起上朝，临朝听政，合称二圣，使她的政治经验和影响力进一步增长。高宗驾崩之后，武则天以皇太后之位临朝称制，先后废唐中宗、唐睿宗，而后自立为武周皇帝。直到神龙元年

（705年），张柬之等人发动神龙之乱，武则天才被迫退位。从她开始掌权到退位，历时近半个世纪。

客观地说，武则天作为一代女皇，她能够上承贞观之治，下启开元盛世，很大程度上取决于她成熟的施政手段。例如，她在使用三省宰相处理政务的基础上，还召集了一批饱学之士商讨国事，为她出谋划策。而且，她广开言路，在皇宫前放置了铜匦（即意见箱），所有人都可以将自己的意见投放到里面，从而使她可以"不出宫门，即可知天下事"。

武则天当政期间，为了能够网罗天下英才，除却开设科举制之外，还创立了"自举"制度，即只要是九品以上的官员，就可以根据自己的才能自我举荐。当然，自荐是否成功，要看本人的真本事。除此之外，在科举制度上，她又增设"殿试""武举"等制度，为国家选拔人才作出了巨大贡献。

根据史料记载，唐太宗、唐高宗时，朝廷上的文武大臣基本被关陇贵族及其下属囊括，圈外的士子，即使再有才能，也难以进入政治核心。到了武则天时期，这些士子终于可以出人头地，一展平生志气，为国家、为百姓、为江山社稷作出贡献。

除了选拔人才，武则天也是有知人之明之人，对于真正的贤人，她总是会非常敬重。比如狄仁杰，就是武则天当政时的宰相。和魏徵一样，狄仁杰也是一个直言不讳的人。而武则天也和唐太宗一样，总是能虚心采纳所提的意见。

还有一人，就是有着初唐四杰之称的骆宾王，曾经在文章中大骂武则天，"入门见嫉，蛾眉不肯让人；掩袖工谗，狐媚偏能惑主""杀姊屠兄，弑君鸩母，人神之所同嫉，天地之所不容"。言辞不可谓不刁钻，不可谓不刻薄，但武则天看过之后的反应却出乎天下人的意料，她不仅没有恼羞成怒，还非常赞赏骆宾王的文采。她如此感叹道："此人文采出众，如果不能为朝廷所用，实在是天大的过错。"

武则天作为一介女流，却巾帼不让须眉，在面对外族入侵时，也如同男儿般刚强。

垂拱二年（686年），安西四镇被吐蕃占领。当时，武则天不甘领土就此丢失，就命王孝杰等将领出征吐蕃，最终大胜，成功收复安西四镇。不仅如此，武则天还加强西北边防建设，设置安西都护府于龟兹、北庭都护府于庭州，将曾经通往中亚地区的"丝绸之路"成功打通。另外，她还采用边军屯田的政策，极大地减轻了百姓的负担，也对巩固边防、加强军备起到了重要作用。

作为一代帝王，武则天也有冷血、残酷的一面。在称帝的过程中，为了扫除障碍，她任用索元礼、周兴、来俊臣等酷吏，采用残酷的刑罚，排除异己。不可避免地出现了很多无辜的受害者。但值得一提的是，虽然她当时大肆诛杀，但像狄仁杰、徐有功、朱敬则等贤臣，都得到了有力的保护。而她所用的酷吏，到最后都难逃被诛杀的命运。

人无完人，武则天也不例外。有人说，武则天是一个没有德行的人。为了自己，她能够先后侍奉唐太宗、唐高宗二人；为了权力，她不惜亲手掐死自己的女儿、杀死自己的儿子。俗话说，虎毒不食子，武则天的所作所为，确实应该受到批判。

和唐太宗一样，武则天的晚年也是相当糜烂。她放纵武氏家族，宠信张易之、张昌宗两兄弟，最终导致小人把持朝政，整个朝廷乌烟瘴气、浑浊不堪。

最终，宰相张柬之、崔玄玮，大臣史敬晖、桓彦范、袁恕等人联合禁卫军统领李多祚，以张易之、张昌宗两兄弟密谋叛乱为由发动兵变。他们率领五百禁卫军，冲入宫中，将张易之、张昌宗两兄弟杀死，并包围武则天的寝宫，要求其退位。就这样，执掌朝政近半个世纪的武则天，终于放下了手中的权力。

武周结束，李唐复辟。其年农历十一月二十六日，武则天病死于上阳宫，终年八十二岁。神龙二年（706年），与唐高宗合葬在乾陵，留无字碑。

开元盛世的缔造者——唐玄宗李隆基

唐玄宗李隆基，685 年生于洛阳，是武则天的孙子。他出生时，父亲李旦被武则天立为皇帝。在他五岁时，李旦就被武则天废掉。那时候，朝政完全被武则天控制在手中，武氏家族掌权，李氏皇族处处被打压。

少年李隆基志向远大，自诩为"阿瞒"，他相信自己将来一定可以扭转这种局面。七岁那年，宫廷里举办祭祀仪式，当时的金吾大将军武懿宗是武氏族人。李隆基看到他在训斥旁边的侍卫，就上前大喝道："这是我李家的朝堂，你是什么人，竟敢训斥我家的侍卫？"

由于当时武家一直在打压李家，李家人看到武家人都很害怕，根本无人敢顶撞。武懿宗没想到被一个七岁的李家小孩子给教训了，大为吃惊，就告诉了武则天。武则天知道后，也很惊讶，不仅没有责怪李隆基，反而觉得他有出息，对他十分宠爱。

武则天死后，唐中宗即位。唐中宗之前被武则天贬到湖北，和妻子韦氏相依为命。他曾多次想要自杀，在韦氏的安慰和鼓励下才有勇气坚持活下去。因此在群臣拥立他为皇帝之后，对韦氏非常宠爱，不仅立她为皇后，还把朝政大权也交付于她。韦皇后有了权力，慢慢地就滋生了野心，想要效仿她婆婆武则天，做第二个女皇帝。

李隆基察觉之后，就开始和姑姑太平公主密谋，除掉韦皇后。经过一番紧锣密鼓的策划之后，李隆基和自己的亲信党羽禁苑总监钟绍京以及陈玄礼等人攻入皇宫，将韦皇后斩首，杀死了安乐公主和上官婉儿，并且把所有韦氏集团的成员全家抄斩，所有高过马鞭的男子全部诛杀。

这次政变，史称"唐隆政变"。政变前，有人劝李隆基跟父亲李旦商量，李隆基说："我是为了李家的江山社稷，不是为了我自己。如果大功告成，就归功于宗庙，如果失败，我也是因为忠孝而死，怎么能让我父亲知道，连累他呢？"因此就没有告诉李旦。等到政变成功了，李隆基才对李旦说。众人就拥立李旦做了皇帝。李旦即位后，封李隆基为平王，与大臣商议立太子的事。按照嫡长制，应该是长子宋王李成器为太子。但是李成器知道这次政变主要是弟弟李隆基的功劳，就拒绝道："国家稳定的时候，要立长子为太子。国家危难的时候，要立有功的人为太子。弟弟平王功劳甚高，我坚决不在他之上。"于是李旦就立李隆基为太子。

李隆基做太子的时候，太平公主仗着自己有拥立之功，经常干预朝政，同时她觉得李隆基太能干，就想废掉李隆基。李旦看出了妹妹和儿子之间的矛盾，感觉自己能力也不如儿子，就当机立断，把皇位禅让给儿子，李隆基就此登基。

李隆基的登基，让太平公主无比愤怒。她毅然发动亲信，准备再来个政变，推翻李隆基。不料李隆基再次抢得先机，先下手粉碎了太平公主的计划，杀死了太平公主的所有亲信。太平公主逃到寺庙里，三天后返回皇宫。太上皇李旦向李隆基求情放过太平公主，李隆基不答应，赐死了太平公主。从此，李隆基彻底掌握了朝政大权。

接连几次政变，极大地损伤了国家的元气，动摇了朝廷的根基。因此李隆基在政权稳定之后，立即着手选拔人才，改善政治环境。他眼光精准，慧眼识英才，提拔了著名的宰相姚崇、宋璟、张九龄等人，将朝政纳入正轨。在这群人才的协助下，他对国家进行了全方位的改革。

经济方面，他打击豪强，派官员到全国各地检查地方豪强隐瞒的土地，增加税收。

文化方面，他抑制佛教，削减僧尼数量，强迫他们还俗劳动，承担国家的赋税和徭役。

军事方面，他改府兵制为雇佣兵制，招募关内健儿，集中训练，提高了军队的战斗力。

经过二十年的努力，国家的经济稳步发展，一个崭新的盛世——开元盛世，在中华大地上出现了。

作为开元盛世的创立者，唐玄宗功不可没。他知人善任，做事干练，是大唐这艘大船合格的舵手。在他的掌控下，大唐的国力蒸蒸日上，百姓其乐融融，形势一片大好。

但是，好景不长，志得意满且步入中年的唐玄宗，开始沉醉在歌舞升平之中。

736年秋，他想从洛阳回长安。宰相张九龄劝阻道，此时正是百姓秋收的时候，如果现在陛下回京，一定会影响沿路百姓的秋收。唐玄宗不置可否。

张九龄离开后，李林甫却来对唐玄宗说："天下都是陛下的，陛下想去哪里就去哪里，想什么时候走就什么时候走。如果耽误了百姓秋收，免掉他们的税就行了。"

李林甫是当时的礼部尚书、兵部尚书兼任宰相，他是个老奸巨猾的阴谋家，他的建议让唐玄宗感到很舒服。当皇帝嘛，贵有天下，当然是想去哪就去哪，想什么时候走就什么时候走。

回到长安后，唐玄宗就撤掉了张九龄的宰相职位，专听李林甫一个人的。

737年，唐玄宗听信宠妃武惠妃的谗言，杀死了太子以及其他两个儿子，改立武惠妃所生的儿子为太子。

事后不久，武惠妃病死，唐玄宗茶不思饭不想，寝食难安。有人对他说，武惠妃的儿子寿王的王妃杨玉环国色天香，有倾城之貌，唐玄宗一下子就来了精神，把杨玉环召进宫中。

果然，杨玉环冰雪聪明，能歌善舞，颇懂音律，唐玄宗对她一见倾心，想立马纳她为妃。但是这可是他的儿媳妇啊，虽然他是皇帝，也不能公开地违碍人伦，唐玄宗很是忧愁。

又有人出主意了，先把杨贵妃送到道观里去，洗白身份，脱胎换骨，过几年再召进宫，这样就堵住了悠悠众口。

于是唐玄宗就下诏，让杨玉环入道观。八年后，让其还俗，封为贵妃。

这场爱，来得太不容易了。唐玄宗得手后，对杨贵妃无比宠爱。贵妃喜欢吃荔枝，唐玄宗就下令开辟了从广东岭南到长安的几千里贡道，让人每天都用快马从岭南往皇宫里送荔枝。贵妃喜欢跳舞，唐玄宗就派人专门给她做舞服，制作团队七百多人。

一人得道，鸡犬升天。杨贵妃的堂哥杨国忠被玄宗任命为宰相，杨贵妃的三个姐姐都被封为夫人。杨家很快权倾朝野，权势熏天。

杨国忠本来是一个小混混，在赌场混日子的流氓，如今一步登天做了宰相，自然不会有什么治国之策。在唐玄宗的庇护下，杨国忠卖官鬻爵，树立党羽，独揽朝政，胡作非为。大唐的政治环境很快就退回到开元盛世前，甚至比那时候还要恶劣。

而唐玄宗却丝毫没有察觉这种危机。他一边醉生梦死，一边穷兵黩武，跟周围的少数民族打仗，导致国家内忧外患。

天宝十四年，身兼范阳、平卢、河东三镇节度使的安禄山举兵叛乱，以讨伐杨国忠为借口，在河北起兵。叛军所向披靡，势如破竹，很快就打进潼关，直入长安。唐玄宗带着杨贵妃落荒而逃，前往蜀中避难。在走到陕西马嵬坡处，护驾的士兵们发生哗变，逼着唐玄宗赐死了杨贵妃。

这便是唐朝历史上著名的"安史之乱"。

虽然"安史之乱"最终被平定，但是这次叛乱给唐朝造成了很大的创伤。此后，唐朝的繁荣盛世一去不复返，国力一落千丈，经济发展停滞不前，中央政府的权力被地方藩镇势力分割，大唐盛世开始走向衰落。

而这一切，都是唐玄宗造成的。他用前半生的努力，打造出一个盛世。又用后半生的荒唐，毁掉了这个盛世。他的功与过，是分明的。安史之乱是唐朝由盛转衰的分水岭。

最仁慈的皇帝——宋仁宗赵祯

宋仁宗名赵祯，是宋朝的第四代皇帝，即位的时候才十三岁，因此他父亲宋真宗在临终前，指定了刘太后辅助宋仁宗执政。刘太后并不是赵祯的生母，而是养母，他的生母为李氏，但赵祯并不知情，因为他在刚出生的时候就被刘皇后抱了过去，当成自己的儿子来养。李氏虽然心里明白，但面上不敢透露任何不满的情绪，生怕自己会被灭口，也会连累了儿子，后来郁郁而终。因此赵祯一直都不知道他的生母是谁，直到赵祯亲政的第二年，才得知自己的生母原来是李氏。

他当时就出离愤怒了。

二十多年了，竟连自己亲妈是谁都不知道。而且身边那么多人，没一个人告诉自己！

他万分悲伤，一边坐着牛车赶往洪福院，去看李氏的灵柩；一边派兵包围了刘太后的住宅。他知道，这一切，都是因为刘太后权倾天下，导致没人敢冒死向他讲出实话。他甚至还怀疑自己的母亲是被刘太后害死的，因此要打开棺椁查看。等棺椁打开时，发现李氏被浸泡在水银里，面色安详，容貌如生，于是就释怀了，知道生母不是被人所害。然后就撤走了包围刘太后的人，并给自己的生母立庙，同时追谥为皇太后。

赵祯即位后，所有的表现基本上都可以用一个字来概括——仁。论能力，文韬武略他都比不上太祖太宗；论才艺，他又比不上徽钦二帝。但在北宋所有皇帝中，他的名声是最好的，这完全是因为他的仁义。

有一次，赵祯正在用膳。突然，咯嘣一声，咬到了一粒沙子。他疼得捂着腮帮子，把嘴里的饭吐出来，然后对身边的宫女说："你可千万别声张，说朕吃到了砂子，这可是死罪啊，要是让官员们知道了，厨子可就活不成了。"

这事搁哪个皇帝身上，不得"龙颜大怒"啊，就是我们平常人也忍受不了，但是宋仁宗为了顾惜下人的性命，就主动将下人的过错掩盖了。

还有一次，宋仁宗在园子里散步，他时不时地回头看，随从们都很奇怪，然后宋仁宗快步走进旁边一个妃子的寝宫说："爱妃，快给朕倒杯水来，朕渴死了。"

妃子很纳闷："你既然口渴，为什么在外边不让随从伺候喝水呢？却忍了那么久？"

宋仁宗说："我回头看了几次，发现他们都没带水。要是问起来，他们就又要被处罚了，所以就没问。"

足见宋仁宗之仁。

但他也不是一味地爱惜下人。有一天退朝后，宋仁宗感到头皮痒，就赶紧摘下皇冠，连龙袍都没脱，让梳头太监给他梳头。太监看到宋仁宗怀里有份奏折，就问皇上这是什么奏折。宋仁宗说："这是大臣们建议他裁撤宫女侍从的奏折。"

太监当时就着急道："大臣们自己家里尚且有很多歌妓舞女，还在不时添加，陛下的侍从并不多，他们却要求您削减，这真是太过分了！陛下打算采纳他们的意见吗？"

宋仁宗说："大臣们的意见，当然要听取了。"

太监仗着自己受宠，就赌气道："如果陛下要裁撤，就先把我撤掉好了。"

宋仁宗听了，顿时就站起身来，把主管太监叫来，将宫里面二十九个宫女及梳头太监全部放出宫去。

皇后说："梳头太监是陛下多年的亲信，也是离不开的人，为何也要裁撤呢？"

宋仁宗说："自古宦官干政，国家都会灭亡。他仗着我宠信他，就敢劝我拒纳忠臣的谏言，这样的人留在身边，将来一定是个祸害。"

足见宋仁宗之明。

宋仁宗的宽容仁厚，不仅仅是对随从及近身伺候的人，对文臣更是如此。

大名鼎鼎的包青天包拯，就是宋仁宗时期的一个名臣。他经常犯颜直谏，在宋仁宗面前口若悬河，滔滔不绝，有时候唾沫星子飞溅到宋仁宗的脸上，宋仁宗就抬起衣袖擦擦脸，丝毫不怪罪包拯，由着包拯继续说下去。对于大臣们的谏言，他一直都是这样，觉得好的就听取，觉得不好的就装作没听见。

三司使张尧佐，是宋仁宗宠妃张贵妃的伯父。包拯觉得他能力不够，不能胜任这个职务，就要把他撤掉。贵妃知道后，就向宋仁宗求情。宋仁宗对包拯说："包拯啊，干脆让张尧佐去做节度使吧。"包拯不答应，带着七个言官力争。宋仁宗生气道："节度使是粗官，无关大体，这还争什么？"一个言官回答说："当年太祖太宗都当过节度使，节度使不是粗官。"仁宗争不过，只好无奈地回到后宫，对张贵妃说："你成天闹着要宣徽使、宣徽使，你都不知道包拯是御史吗？"

在君主专制的社会里，包青天的产生，完全是因为上面有一个清明的君主。否则，真不知道他死了多少次了。

嘉祐年间，苏辙进京参加进士考试，相当于现在的高考。结果他在高考作文里写了如下的话：我在路上听人说，皇宫里美女无数，皇上终日纸醉金迷，沉湎女色，不理朝政，不问百姓疾苦。

考官们认为苏辙无中生有、恶意诽谤，应该问罪。

宋仁宗却说："朕设立科举考试，本来就是想吸纳敢言之士。苏辙敢于如此直言，应该赐予功名。"

苏辙仅仅根据道听途说，就恶毒攻击朝廷和当朝天子，倘若在明清之际，灭九族是跑不掉的。但宋仁宗不仅不治他的罪，反而给他功名。

四川有个读书人，献诗给成都太守，有"把断剑门烧栈阁，成都别是一乾坤"这样的句子。成都太守认为这是明目张胆地煽动造反，把他缚送京城。按照朝廷律法，是要以谋逆罪论处的。但是宋仁宗却说："这是老秀才急于要做官，写一首诗泄泄愤，怎能治罪呢？给他个官当当吧。"于是就授其为司户参军。

在封建社会里，这样大度的君主，仅有宋仁宗一个。

宋仁宗不仅为君仁厚，而且非常节俭。有一年秋天，官员献上蛤蜊。宋仁宗问此物从何处来，官员答道："这是从远处运来的。一个要一千钱。"仁宗数了一下，共有二十八个，就说："我常常告诫你们要节约，现在吃个蛤蜊就要两万八千钱，我吃不下！"官员听了，吓得赶紧端走了。

还有一次，宋仁宗处理政务，忙到半夜，天冷，很想喝一碗热羊肉汤，但是忍着没有说出来。后来皇后知道了，就劝他说："陛下日理万机，身体要紧，想喝什么就吩咐御厨做好了。您富有四海，怎么能因挨饿而伤了龙体呢？"

宋仁宗说："宫中偶尔要个什么，会被外面的人当成惯例。我今天喝碗羊肉汤，那御厨每天都会杀羊，等着给我做汤。那样的话，一年就要杀几百只。以后还可能会形成惯例。为我一顿饭，而开创这么不好的先例，况且又杀生，太不值得了，所以我才忍着。"

正是由于他的仁慈宽厚，知人善任，才使得他在位年间，北宋出现了一大批名臣，如晏殊、范仲淹、文彦博、富弼、韩琦、包拯、司马光等文臣。虽然史家有"北宋无名将，南宋无名相"一说，但是在宋仁宗在位期间，还是出了一个武曲星——狄青。同时，还有流芳百世的才子们，如苏轼、柳永等。风流人物，极一时之盛。

1603年，宋仁宗因病逝世，年仅五十四岁。他共在位四十二年，是有宋一代在位时间最长的皇帝。得知他逝世后，举国哀痛。朝野上下，莫不哭号。京师罢市，百姓在街道上痛哭，哭声持续了几天。连乞丐和小孩子们都跑到皇宫前面，焚烧纸钱大哭。消息传到洛阳，市民们焚烧纸钱的烟雾飘到洛阳上空，把太阳都遮住了。而且不仅都市大邑如此，连穷乡僻壤也是如此。当时的一个官员前往四川出差，沿途看到山沟里的很多妇女们都戴着纸糊的白帽子在哀悼。

更令人震惊的是，当使者把讣告送到辽国时，"燕境之人无远近皆哭"。也就是说，连敌国的老百姓都无不痛哭流涕。当时的辽国国主耶律洪基也大吃一惊，抓住宋国使者的手，号啕大哭，"四十二年不识兵戈矣"。并且对左右官员说："如果我在宋朝，我就是给仁宗皇帝打伞的一个小都虞候。"

随后，耶律洪基在辽国为宋仁宗建了衣冠冢，以寄托哀思。后来的辽国历代皇帝都奉宋仁宗为祖宗。

宋仁宗驾崩后，群臣给上庙号，曰仁。

"为人君，止于仁"。在封建社会，仁是对帝王的最高评价了。在宋仁宗之前，从未有一个皇帝的庙号是仁。也就是说，几千年来，赵祯是第一个仁宗。

作为一个守成之君，他广施仁政，不兴干戈，以利百姓。在他治下的社会，繁荣程度远超"文景之治"和"贞观之治"。当时的宋朝百姓都说，宋仁宗虽百事不会，却会做官家。后代的史家以及政治家，对他的评价也非常之高。乾隆皇帝甚至说，平生只佩服三个皇帝，除了他爷爷康熙和唐太宗，另一个就是宋仁宗。

纵观宋仁宗一生，文治武功虽不卓然，而生民之福，远胜于历朝历代。由此可知，不治乃是最好的治。历史上英武皇帝不乏其人，经年累月开疆拓土，成就一番霸业，几世威名。但看他的子民，却因为徭役苦不堪言，食不果腹，衣不蔽寒。且多数父子兄弟，战死沙场，累累白骨，纵横于野。纵然疆土辽阔，何强之有？

古人无名氏的一首诗，论得绝妙：

遗编每传风云辈，望乡台上几轮回。

兴败皆是百姓苦，无为从来胜有为。

是的，宋仁宗的盛世告诉人们，无为而治才是最有成效的政策。为了一些大人物的野心，百姓们成为牺牲品，受苦也久矣。

宋仁宗最后被葬到昭陵。金兵破了开封之后，北宋七帝八陵被尽数挖掘。唯有昭陵安然无恙。就是因为金兵慑于宋仁宗的仁义威势，不敢挖掘。自宋仁宗之后，再无此仁义的皇帝。因此，后人在昭陵道旁题诗一首，以示怀念。

农桑不扰岁常登，边将无功吏不能。

四十二年如梦过，东风吹泪洒昭陵。

马背上的天子——明成祖朱棣

在历史上,有很多颇受争议、毁誉参半的皇帝,明成祖朱棣便是其中一位。

明成祖朱棣,朱元璋第四子,明朝的第三位皇帝。他功绩卓著,在位期间迁都北京,派遣郑和下西洋,组织学者编撰长达 3.7 亿字的百科全书《永乐大典》。他生性多疑,双手沾满鲜血,史上著名的"靖难之变""诛十族""瓜蔓抄"等都是出自他之手。

但客观地说,明成祖的功终究还是大于过。在他统治期间,社会安定、国家富强,被后世称之为"永乐盛世"。

众所周知,明朝开国皇帝乃是朱元璋,和众多帝王相同,他也留下了很多血脉(二十六个儿子),而朱棣就是其中一个。

生在帝王家是幸运的,但又是不幸的。幸运的是,生来就位高权重;不幸的是,为了权力容易同室操戈。朱棣的称帝过程,便是如此。

朱棣在年少时就被立为燕王,长大之后就去了燕京(今北京)。需要指出的是,当时元政权虽然已经被赶到草原深处,但实力尚存,对大明王朝仍旧是一种潜在的隐患。燕京作为与元政权接壤的地方,其重要性自不必说,一定要时刻保持警惕。而作为燕王的朱棣,就理所应当地担起了保卫燕京的重任。

在这样的环境下,朱棣成为一名和其他兄弟不同的王爷,能征善战,极具军事才能。到了洪武末年,明朝的开国名将们死的死、老的老,天下间已无人能出其右。

洪武三十一年（1398 年），明朝开国皇帝朱元璋去世，由皇太孙朱允炆继位，年号建文。即位之初，建文帝为了加强中央集权，在亲信的建议下开始实行削藩政策。削藩开始后，先后废黜周王、湘王、齐王、代王、岷王。之后，当建文帝将矛头指向燕王朱棣时，朱棣也迅速采取了行动。至此，便开始了史上著名的靖难之变。

上文已经提到，当年跟随朱元璋打天下的能臣猛将们大多已不在人世，所以建文帝只能派一些年轻的将领领军出战。就这样，双方开始了拉锯战。到了后期，建文帝由于一些决策上的失误，加上朱棣攻取南京策略的成功，最终由燕王朱棣胜出。

建文四年，朱棣占领南京。紫禁城起火，而建文帝则不知所终，成为史上的一大谜团。就这样，燕王朱棣于建文四年（1402 年）六月十七日登基称帝，年号永乐。

如朱棣这般登基的皇帝，首先要做的事情就是清除余党，而朱棣也不例外。所以就有了"瓜蔓抄""灭十族"。现在，先描述一下灭十族的由来。

被灭十族的主人公名为方孝孺，是建文帝身边最为亲近的人之一。当时，南京被攻陷之后，朱棣身边的第一谋士姚广孝曾告诫朱棣不要杀掉方孝孺，否则天下读书的种子就会灭绝。朱棣答应了他。但是，后来当朱棣下旨让方孝孺拟即位诏书时，问题出现了。

当方孝孺来到朝廷大殿时，当众大声号哭，当时连朱棣也颇为感动。

朱棣："先生不要如此，我只是仿效周公旦辅佐成王而已。"

方孝孺："建文帝现在何处？"

朱棣："已死。"

方孝孺："那为何不立他的儿子为皇帝？"

朱棣："一个国家应该找年长的人为君。"

方孝孺："那为何不立他的弟弟为国君？"

朱棣："这是我的家事，先生就不要多管了。"

之后，朱棣就命人将纸笔拿给方孝孺，并说道："此事非先生不可。"

岂料方孝孺竟然在诏书上写下"燕贼篡位"四个大字。

朱棣看到后恼羞成怒，脸色铁青地说道："难道你不怕我诛你九族吗？"

方孝孺也是一个倔强之人，竟回答道："就算诛十族又能如何？"

由此，历史上第一次被诛十族的刑罚出现了。方孝孺的亲族，以及他的亲朋好友皆被处死，而方孝孺也就这样消失在了人世间。

而"瓜蔓抄"便是朱棣采用连坐的方式处罚建文遗臣的行动。这一事件的主人公名为景清。他是一位对建文帝忠心不二的人。当南京陷落之后，他辞去了官职，并准备找机会行刺朱棣。结局自然是失败的。之后，景清被处以极刑，而他的尸首则被挂在城门上示众。有一天，朱棣无意间来到这里巡视，景清的尸体忽然从城门上掉了下来，差点砸中他。受到如此惊吓的朱棣，下令诛杀景清的家族，并连他的左邻右舍也不能幸免。这种残忍的行为就是"瓜蔓抄"。

就这样，这场大屠杀竟持续了十余年，很多无辜百姓就此被害，其残忍程度绝不亚于明太祖所诛杀的胡、蓝二党。除大屠杀外，还将罪犯家中的女眷或当奴隶，或发配到教坊，总之百般凌辱。

这就是朱棣，一个对待政敌手段无比残忍的皇帝。

虽然朱棣有着血腥的一面，但历史对他的评价还是处于中上的。这是因为在他掌权期间，明朝所出现的盛世。他励精图治、发展经济、提倡文教，从而使得天下大治，百姓也能安居乐业，甚至有着"路不拾遗，夜不闭户"的优良社会风气。

不仅如此，朱棣迁都燕京（北京）对后世也有极大的影响。众所周知，在朱棣之前，明朝的都城是南京。他考虑到北方还面临着元政权的威胁，而南京距离北部边防又太过遥远，不便指挥。为了能够更好地稳固边防，朱棣便做出了迁都的决定。

除迁都燕京之外，朱棣还派遣郑和下西洋（本意是为了寻找建文帝），取得了极大的外交成就。郑和一生七下西洋，最远曾到达非洲东岸、红海、伊斯兰教圣地麦加。史书上记载："威德遐被，四方宾服，受朝命入贡者殆三十国，幅员之广，远迈汉唐。"这种评价，不可谓不高。

除却外交，朱棣在文治方面的成就同样在历史上画下了浓重的一笔，这就是《永乐大典》的编撰。这本号称古代百科全书的巨作，是由明朝著名才子解缙领衔组织编修的。可惜，到如今这本巨作大多已经消失在战火中，保存下来只有不到八百卷。

作为一位马背上的皇帝，朱棣曾以北平一隅对抗建文帝，并最终取得成功，成就九五之尊。之后，他在明太祖朱元璋的基础上，南征北战，威服四夷，一举将明朝的影响力推向顶峰，开创了明朝最为兴盛的年代，为明朝的统治奠定了强有力的基础。

永乐二十二年，这位马背上的天子死于第五次北征，终年六十五岁。

开创盛世的英明君主——清圣祖康熙

清圣祖康熙，名爱新觉罗·玄烨，清朝第四位皇帝。他八岁登基，六十九岁去世，在位六十一年，是历史上在位时间最长的帝王。

顺治十一年（1654年）三月十八，爱新觉罗·玄烨生于北京紫禁城景仁宫，顺治十八年（1661年）即位，次年改元康熙。

由于康熙帝年幼，朝政便由索尼、鳌拜、苏克萨哈、遏必隆四位大臣处理，为辅政大臣。康熙六年，开始亲政。

康熙帝的一生波澜壮阔，在他执政初期，面临着很多棘手的问题，而第一件事就是除鳌拜。

康熙八年（1669年）五月十六日，原本威风凛凛、不可一世的鳌拜，角色瞬间逆转，成为康熙帝的阶下囚。鳌拜之所以成为康熙帝亲政后第一个落马的"大老虎"，其根本原因是鳌拜结党营私、擅权专横，而并非谋权篡位。即便如此，他的所作所为还是触及了康熙的底线。那就是"尊严"，皇帝的尊严。

康熙五年（1666年）是鳌拜势力崛起的一年。当时，鳌拜利用圈地之事狠狠地打击了以正白旗为首的敌对势力。康熙六年（1667年）六月，首辅大臣索尼因病去世，四大辅政大臣中已无人能遏制他。七月，苏克萨哈受到鳌拜的威胁，被迫请辞辅政大臣一职，去为先皇守陵。即便如此，苏克萨哈还是没能逃脱鳌拜的魔掌，在未获得康熙帝旨意的情况下，鳌拜以苏克萨哈不满康熙帝亲政为由，将其处死。

至此，最初的辅政大臣，只剩下了不可一世的鳌拜及懦弱的遏必隆。这种情况下，朝野间是何局势可想而知。

此时的鳌拜已经被授予一等公，并兼任太师。俗话说，一人得道，鸡犬升天。鳌拜的权力已经如此登峰造极，与他关系密切的人员当然会得到大大的提拔。他的子侄分别被封为二等公、额驸；他的亲信大臣则被封为大学士、工部尚书、户部尚书。至此，鳌拜在朝廷上已经一手遮天、说一不二。根据法国传教士白晋的记载，康熙帝在十五六岁时，鳌拜已经把持了议政王大臣会议及六部的实权。这时的鳌拜其实和皇帝没有什么区别。

也正是这个时期，康熙帝的年龄日益增长，开始有了自己的想法。但他发现，虽然自己贵为天子，但却不能左右朝政，甚至想保住爱臣苏克萨哈的性命都办不到。他清楚地知道，之所以会这样，都是因为鳌拜的存在。所以，鳌拜必除！

虽然康熙帝想要将鳌拜铲除，但也知道鳌拜的党羽已经遍布朝廷内外，稍有不慎，就会引起鳌拜的警惕，酿成宫廷巨变。为了能将鳌拜扳倒，并做到不动声色，康熙帝召集了一批身强力壮的少年子弟，整日在宫中练习库布（与摔跤类似）。作为大清第一勇士的鳌拜，对这些孩子当然是嗤之以鼻、不以为意。还暗自认为小皇帝年幼，沉迷于玩乐，心中很是高兴。不仅如此，康熙还将鳌拜的亲信调离京城，并让自己的亲信掌控京城护卫军。

就这样，擒拿鳌拜的时机成熟了。康熙帝设下六连环计，誓要一举拿下鳌拜。

第一计：和太皇太后密谋，联合爱新觉罗家族、赫舍里氏家族（赫舍里是康熙的皇后，索尼的孙女）、钮祜禄氏家族三大家族之力，共同对付鳌拜。

第二计：令索额图（索尼之子）担任康熙御前侍卫一职，擒拿鳌拜当天负责在门外站岗，缴鳌拜的武器。

第三计：辅政大臣都是赐座的，康熙在鳌拜坐的椅子上事先动了手脚，将右上角的椅子腿锯断，再进行简单黏合。

第四计：康熙在训练的十几个库布中选出最厉害的两个：一个站在鳌拜的椅子后，另一个则将在水中煮了一个多时辰的茶杯端（带着托盘）给鳌拜。

第五计：因为可能会发生武力冲突，所以需要选择一个比较宽阔的地方。康熙帝选择了武英殿。

第六计：十几名库布藏身于武英殿。

康熙擒拿鳌拜的大致计策就是这样。在计划实施之前，康熙曾将自己训练的库布召集起来，问道："你们都是我的亲信，是怕我呢，还是怕鳌拜？"库布们纷纷说道："怕皇上。"其实，这些库布都还是一些小孩子，根本不认识鳌拜是谁，所以没有对大清第一勇士的畏惧感。如果换成知道鳌拜的成年人，可能擒拿还没开始，就已经吓得瑟瑟发抖，露出马脚了。

连环计已经设计好，但计划的开展是否顺利，却还是一个未知数。

康熙八年（1669 年）五月十六日，康熙帝召见鳌拜于武英殿。当鳌拜来到门外时，索额图让其将身上所佩戴的武器交出。作为大清第一勇士，鳌拜并没有在意，认为一个小皇帝能把自己怎么样？于是将随身佩剑交给了索额图。

鳌拜来到了英武殿上，先是礼节性地与康熙帝进行了一番对话，如吾皇万岁万岁万万岁、平身之类，然后坐在了康熙帝为他"精心准备"的椅子上。所幸这把椅子的椅子腿还算结实，没有在关键时刻出问题，否则就坏了康熙的大事了。

接下来按照原计划进行，库布少年装扮的太监为鳌拜奉上一只滚烫的茶杯。于是，当鳌拜接过茶杯时，自然就被烫着了，而茶杯也应声而落，掉在了地上。十指连心，虽然鳌拜是大清第一勇士，皮糙肉厚，但手上也得起好几个泡。

就在鳌拜疼痛之时，站在他椅子后面的库布，将椅子用力一推，鳌拜和椅子就应声而倒（做手脚的作用）。这时，藏在武英殿的布库少年们便一拥而上，将鳌拜制服，使他不能动弹。

当康熙帝将鳌拜拿下之后，列举了他三十宗罪状，其中有一条称："鳌拜在朕前理宜声气和平，乃施威震众，高声喝问，又凡用人行政，鳌拜欺朕无权，恣意妄为。"不得不说，鳌拜确实有伤康熙帝的自尊，如果不是这样，估计也不会沦落到如此下场。

客观地说，鳌拜的罪行和康熙、雍正、乾隆三朝其他时期的权臣诸如明珠、索额图、年羹尧、和珅相比，还是相差甚远的，他甚至还做出过有利于社会发展的事，也正因如此，康熙帝才没有把他处死，而是将其拘禁。

再也没有人在康熙帝面前指手画脚了，亲政之路正式开始。

康熙帝的一生是波澜壮阔的，为国家、为人民作出了很大贡献，用一句话也能概括：平定三藩、统一台湾、驱逐沙俄、大破准噶尔，捍卫了中国的统一，奠定了清朝兴盛的根基。

但是，每个人的一生都会有污点，康熙帝也不例外。他的污点就是没有处理好皇位继承人的问题，导致九子夺嫡的发生。

九子夺嫡中的"九子"分别是指大阿哥胤褆、二阿哥胤礽、三阿哥胤祉、四阿哥胤禛、八阿哥胤禩、九阿哥胤禟、十阿哥胤䄉、十三阿哥胤祥、十四阿哥胤禵九位阿哥。在这九位阿哥中，又可分为五党，以下分别对五党进行阐述。

大千岁党：此党以大阿哥胤褆为首，以权臣明珠为辅。除此之外，还有明珠一系的官员，如大学士余国柱、户部尚书福伦等。但是，大阿哥因为野心暴露得太早，而被康熙帝终生圈禁在宗人府，是五党中最早失败的人。

太子党：顾名思义，此党的重要人物便是以太子（二阿哥）胤礽，另一个重量级人物就是索尼之子、太子之叔外祖父索额图。对于胤礽，在众多影视剧中都多加贬低和抹黑，将他塑造成一个懦弱无能的鼠辈。但事实并非如此，少年时期的胤礽原本是一位非常有能力的皇子，他是由康熙帝一手培养的，曾是康熙帝的骄傲。可惜，由于康熙帝一味骄纵和溺爱，致使胤礽在后期逐渐变得乖戾暴躁、不可一世。直至九子夺嫡后期，连康熙帝都训斥他"不法祖德，不遵朕训"。就这样，太子的种种恶行，让康熙对其无比失望，为了大清的前途，最终康熙帝废掉了他的太子之位。

三爷党：三爷指的便是三阿哥胤祉。其实三阿哥根本没有组成党派，因为他喜欢舞文弄墨，身边都是一些文人。他们主要的工作就是编书、修坛庙、编制历法等。即使他们有争当太子的野心，但和其他的阿哥们相比，动作也要小很多。

四爷党：这一党派便需要大书特书了，因为大家都知道四爷就是康熙的继承者雍正帝。四爷党中的主要成员有四阿哥胤禛、十三阿哥胤祥、年羹尧、隆科多、戴铎等人。其实四阿哥原本并不热衷于夺嫡，他只想安于本分，好好地辅佐太子。就算后来太子第一次被废，他也认为自己并无成为太子的可能，所以还时常在康熙帝面前为太子求情。后来，太子二度被废，这让他知道太子绝无复立的可能。于是，他的夺嫡心思开始蠢蠢欲动。为了扩大势力，四阿哥胤禛四处安插自己的人，且让这些人身居要职。如年羹尧，到康熙帝去世的那一年已经身居川陕总督一职，手握军事大权；再如隆科多，乃是护卫京城的九门提督，其重要性不言而喻。

不仅如此，四阿哥和其他阿哥有一个不同之处，那就是"伪装"。他伪装成对皇位一点都不感兴趣的样子，这博得了康熙帝的好感。相反，八阿哥胤禩就由于锋芒过露，从而引起了康熙帝的反感和警惕。最终，胤禛成为新一任的大清皇帝。

八爷党：此党中的阿哥是最多的，除了八阿哥外，还有九阿哥、十阿哥、十四阿哥，不仅如此，还有侍卫鄂伦岱、内大臣阿灵阿等人。纵观这个阵容，大家也可以知道八爷党实力的强悍。八阿哥自小天资聪颖、待人和善，所以很得人心（这么多阿哥愿意追随他就能说明）。第一次太子被废时，在所有争当储君的党派中，八爷党的表现最为活跃。当时，正当壮年的康熙帝曾问过百官，谁最适合被立为储君，大部分官员推荐八阿哥。但也因为如此，康熙帝认为八阿哥结党营私，心中对八阿哥非常不满。由此，康熙帝多次对八爷党进行打压。后来，在大臣中威望最高的八阿哥，终其一生，都没有再得到重用。

谜一样的皇帝——清世宗雍正

清世宗雍正，名为爱新觉罗·胤禛，清朝第五位皇帝。雍正帝在位时间不长，仅十三年，但他在大清王朝的地位却是十分特殊、重要的。

历数中国古代的帝王，雍正帝的勤奋绝对是首屈一指。他在位期间，设立军机处、实行改土归流、火耗归公等创新性制度，对后世乃至现今都产生了极大的影响。

值得一提的是，围绕雍正帝，很多重要事件都成为历史的谜团，一直缠绕在人们的脑海中，挥之不去。对于他身上的谜团，在学术界和民间产生了很多争论和见解，但却没有一个统一的观点能让所有人接受。

现在，就让我们重新梳理一下雍正帝身上的谜团，并对此探讨一番。

第一件：篡改遗诏，毒死父亲。

后世对雍正帝最大的争议便是其继位的正统性。俗话说，名不正则言不顺，对一个皇帝而言，继位是否正统是非常重要的，正统则被称为真命天子，反之就是谋朝篡位。而雍正帝到底是否为康熙钦定的皇位继承人，如今仍是一个未解之谜。

野史盛传，康熙帝原本打算将皇位传给其十四子，雍正帝却篡改遗诏，将"十"改为了"于"，让自己登上了皇位。但是，流传至今的康熙帝遗诏上却并无改动的痕迹，这样似乎可以否定这种说法。还有一种说法认为，康熙帝生前并没有留下遗诏，而现在所谓的"康熙遗诏"是雍正帝为了让自己登上皇位在康熙帝死后自己撰写的。

除却遗诏，康熙帝之死在历史上也是一大悬疑。有一种说法认为，康熙帝是被雍正用一碗参汤毒死的。理由是，当时康熙帝的病情并不严重，却突然驾崩，不得不令人存疑。而且在《大义觉迷录》中雍正帝说八阿哥用他向父亲进参汤一事来加恶名于他。在这些文字中，雍正并没有否认自己进参汤一事，而是反驳他并无以进参汤来弑父夺位之意。当雍正继位之后，康熙帝身边的近侍都被他处死，在他的身上又增加了一定的嫌疑。

而另一种观点却持反对意见，他们认为雍正帝毒死康熙帝之事绝不可能。理由是，六十九岁的康熙帝，自五十五岁废太子一案后就忧伤过度，身体每况愈下。五十九岁"须发尽白，心血耗尽"；六十二岁"头摇手颤"，已无法执笔；六十四岁"心神恍惚，身体疲惫"，连走路都需要人搀扶。到了六十九岁，康熙帝更是风残烛年。而且，那一年康熙帝曾去南苑打猎，当年迈、抵抗力极差的康熙帝遭遇北京十一月的风沙，后果可想而知。另外，康熙帝也是一位养生专家，他曾经说过"南人最好服药参，北人与参不服，朕从来不轻用药，恐药不投，无益有损"。所以，就算是雍正让他喝参汤，估计康熙也不会喝。

对于雍正帝毒死康熙帝，众多专家认为是那些夺嫡失败的皇子散播的谣言。康熙帝生前一直未选定皇位继承人，在他死后突然立遗诏将皇位传给雍正帝，这便使落选的皇子们心中不服，从而与其朋党共同制造舆论，来动摇雍正帝还未稳固的根基，也能发泄自己内心的不满。

第二件：修理兄弟。

生在帝王家，是幸运的，也是悲哀的。幸运的是有机会走上权力的巅峰，悲哀的是亲情的淡漠、缺失。身在帝王家的皇子们，总是要在帝位上争斗一番，就如同一场角逐赛，胜利者走向的将是天堂，而失败者将迈向地狱。虽然很残酷，但却很真实。

雍正帝在这场角逐赛中胜出之后，结果虽不难想象，但仍会让人感到一丝凉意。查询史料后会发现，胤禛登基后，他尚在人间的兄弟有二十几人。但在这二十几人中，只有三人得到了不错的待遇，而剩余的人都不同程度地受到了迫害。如老八胤禩、老九胤禟，他们是雍正帝最为痛恨的两位兄弟，登基后将他们改名为"阿其那""塞思黑"，也就是猪、狗的意思，最后还惨遭杀害。

胤禵是雍正帝同父同母的兄弟。很多学者认为，康熙帝生前任命他为大将军，让其代父亲出征，平息西藏、青海地区的叛乱，是想让他建立功勋、积累威望，为继承帝位打下基础。但雍正帝在《大义觉迷录》中是这样反驳的：胤禵作战地区离京数千华里，往返需要很长的时间，如果康熙帝想要立他为帝，为何要在身体每况愈下时派继承皇位的人到那么遥远的地方呢。

针对雍正帝在《大义觉迷录》中的反驳，有学者提出，可能连康熙帝都没想到自己的寿命竟只剩下这么短的时间，如果知道，就不会做出这样的决定了。

胤禛继位后，始终不买自己亲兄长的账。对于自己的亲弟弟，雍正帝还算心软，只是将其幽禁，并未取其性命。直到雍正帝去世，乾隆才被释放，并恢复了原有的待遇和福利。

如此对待自己兄弟的做法，雍正帝在《大义觉迷录》中给出了回答，大致是说自己是为了国家的利益不得已而为之。

话虽如此，但归根结底还是权力二字。

同室操戈，虽然在皇室中屡见不鲜，但仍令人感到亲情的淡薄。

第三：年羹尧之死。

根据《清史稿》记载，年羹尧"才气凌厉"，是一位文武双全的人才。他出自高级官宦之家，本有很多方式踏上为官之路，但却出乎意料采用了最为艰难的科举考试，凭借其自身的才学，考取了功名，从此仕途一片坦荡。

当时，作为康熙帝四子的雍正帝并不受人待见，也丝毫没有要荣登宝座的迹象。所以，在官场上一帆风顺的年羹尧，为何将筹码投在雍正帝身上，就成为历史上的一大谜团。一般推测，因为年羹尧的妹妹是雍正帝的侧福晋，由于这层关系，使得年羹尧成为雍正的支持者。

总而言之，年羹尧为雍正帝的登基起到了重要的作用。康熙帝驾崩前，年羹尧为川陕总督，正好能够挟制在青海用兵的皇十四子胤禵，从而消除了当时握有兵权的胤禵的威胁。

胤禛登基之后，年羹尧取代了胤禵的职位，西北军政大权集于一身。在那段岁月里，他的军事才能得到了充分体现，"攻无不克，战无不胜"就是对他最好的概括。

可惜"狡兔死，走狗烹"的剧情在中国古代实是屡见不鲜。雍正三年（1725 年）十二月，众臣上奏年羹尧九十二宗大罪，要求雍正帝将其立即处死，以正国法。雍正帝念其功劳，令其自尽。自此，红极一时的年羹尧家破人亡。

对于雍正帝为何要置年羹尧于死地，有很多不同的回答。根据《清史稿》中记载，年羹尧是因为恃功自傲而被杀，这种说法是较为主流的。也有人说，年羹尧自恃兵权在手，妄图谋朝篡位，所以才招来杀身之祸。还有一种观点认为，年羹尧由于参与了雍正的夺位之事，知道太多内幕，所以遭到猜忌而被杀。

在众说纷纭的情况下，年羹尧之死也就成为雍正帝众多疑案中的一件了。

第四件：隆科多之死。

隆科多和年羹尧一样，都是胤禛称帝前的亲信之人。康熙帝晚年时，隆科多被任命为步军统领，这个官职非常重要，担任的是保卫京师、紫禁城的重任。除此之外，康熙帝还将很多机密事件交于他办理。从此处，可以看出康熙帝对他的信任。康熙死后，隆科多代表大行皇帝（中国古代对皇帝死后且未确定谥号前的称谓）宣布了传位于胤禛的遗诏。

根据这些内容，有很多人认为是隆科多和胤禛密谋，篡改了康熙帝的遗诏。

胤禛登基之初，隆科多和年羹尧一样，备受重用。但好景不长，两年后，他的步军统领一职被撤销。

根据《清史稿》记载，雍正帝曾如此警告隆科多："殊典不可再邀，覆辙不可屡蹈，各宜警惧，毋自干诛灭。"我们大致可以把这句话理解为，你最好是老实一点，否则将重蹈年羹尧的覆辙。

该来的总归要来。雍正五年（1727年），大臣上奏隆科多四十一宗罪。隆科多被捕入狱。隆科多的结局比年羹尧好，没有被处死，而是被软禁起来。雍正六年（1728年），隆科多死于囚所，死因不明。

作为康熙帝临终前守在身边的唯一大臣，隆科多所起的作用是巨大的。无论雍正帝登基是否名正言顺，隆科多都无法脱离关系。

隆科多在胤禛称帝初期时的显贵，到短短几年后的家破人亡，如此迅速的转变，也是历史上的一大谜团，没有统一的答案。有一种观点认为，隆科多作为胤禛登基无法绕过的关口，与胤禛登基有着千丝万缕的关系。正是因为知道得太多，所以才遭到雍正帝的猜忌，最终落得如此下场。还有一种观点认为，隆科多在胤禛登基后飞黄腾达，但却居功自傲、结党营私，对雍正帝的统治造成了极为不利的影响，为了国家，雍正帝才将他软禁起来。

围绕雍正帝，虽然有太多的谜团和质疑，但是仍是一位好皇帝。他勤政务实、铁腕反腐、痛除积弊、励精图治，为康乾盛世打下了坚实的基础。

最爱下江南的皇帝——清高宗乾隆

清高宗乾隆，名为爱新觉罗·弘历，雍正帝第四子，清朝的第六位皇帝。乾隆帝在位六十年，退位后以太上皇的身份继续执掌朝政三年，总计六十三年，是中国历史上执掌朝政时间最长的皇帝。

乾隆帝在民间可是一位热门人物，大大小小的影视剧都有他的身影。大多数有乾隆帝出现的影视剧，都总会有他南巡江南的片段。

根据《御制南巡记》记载，乾隆一生共有六次南巡江南的经历，而他也把南巡作为其平生最重要的功绩之一。很多人可能会因此而感到疑惑，乾隆帝为何如此喜欢南巡，他的目的是什么？

这个问题在正史和野史中都有记载，有的说他迷恋江南的美丽景色，有的说他是为了寻找自己的亲生母亲，也有的说他是为了巡视水利工程……总而言之，众所纷纭、褒贬不一。

根据《清史纪事本末》记载，乾隆帝刚继位不久，就有去江南巡查的念头，并想派讷亲前去探查道路。但讷亲并不赞同乾隆帝南巡，所以在回奏中将苏州的河道、风景贬得一文不值。而乾隆帝只好将南巡的念头暂且搁置了。但是，该来的怎么挡也挡不住。

乾隆十四年（1749 年），江南官吏为了迎合乾隆帝，上奏请求乾隆帝视察浙江。

如此正中乾隆帝下怀，二者一拍即合下，南巡便势不可挡了。

纵观乾隆帝的六次南巡，可以发现，南巡的目的不外乎以下几个方面：

河工

乾隆帝曾经说："南巡之事，莫大于河工。"由此可见，巡视河工在南巡中的重要性。自宋、元开始，江南就已成为全国的经济发达地区。到了清朝，江南更是全国粮食生产的主要地区，每年上缴的赋税竟占朝廷财政的一半多。由此可见，江南对于清廷的重要性。但江南又是水患频发的地区，所以在乾隆帝的六次南巡中，有五次对黄河的治理工程进行了视察，有四次对浙江的海塘工程进行了视察，而作为解决黄河水患关键工程的江苏清口以及洪泽湖的高家堰，都是乾隆帝南巡必来的视察之地。

笼络人心，巩固统治

除却河工之外，笼络江南的官吏、学子及百姓之心，也是南巡的重要目的之一。凡是乾隆帝南巡经过之处，他都会对前来接驾、办差的官员予以赏赐；对于前来拜见的文人学子，他都会亲自出题予以考验，只要有才能，就能得到他的重用。不仅如此，乾隆帝还经常颁发体恤民情的法令，在不同程度上减轻了百姓的赋税，减轻了百姓的负担。

彰显太平盛世

通常，位高权重的人都会比较看重脸面，而作为古代唯我独尊的皇帝而言更是如此。所以，每次乾隆帝的南巡，场面都十分壮观、恢宏，以这种方式来彰显帝王的威严和康乾盛世的繁荣。

显示军力

在乾隆帝南巡中，阅兵也是极为重要的环节。众所周知，满族尚武，骑马射箭无一不精。但由于常年没有战事，于是到了乾隆时期，军队就有所颓败。为了扭转这种不良的风气，为了向江南百姓显示大清军力的强大，也为了震慑边疆不安定的势力，举行盛大的阅兵就成了必不可少的环节。但是，如今的清军已不复当年，一个不小心就会弄巧成拙，闹出笑料。根据乾隆帝之子嘉庆帝回忆，"射箭箭虚发，驰马人坠落"是对当时军兵情况最好的描述。

游山玩水

江南作为景色秀丽之地，来到这里当然要好好游览一下山川美景。乾隆帝是一个喜爱舞墨弄画的人，兴之所至，便要露上两手，所以现在江南有很多地方都还保留着他的手迹。不仅如此，民间传说乾隆帝很喜欢江南的美女，有一次还将皇后给气走了。值得一提的是，对于乾隆帝喜欢江南美女一事，可能是戏说，但在史料中确实有将皇后遣送回宫的记载。

除却这些之外，在民间或野史中还流传着很多关于乾隆帝南巡的原因。其中，弄清身世之谜是最主流的。

根据民间传说，雍正帝曾经用女儿与海宁陈氏儿子相换，而陈氏的这个儿子便是之后的乾隆帝。长大之后的乾隆帝，逐渐对自己的身世产生了怀疑，为了弄清楚自己的身世，便借南巡之名到海宁陈家进行暗访。甚至在他六下江南的过程中，有四次都是住在陈家。但乾隆帝最终是否将自己的身世查明，却是一桩悬案了。

传说毕竟不是历史，根据历史学家的证实，这个故事完全是民间虚构的。

纵观乾隆帝南巡，在很多方面都起到了不可估量的作用，如兴修水利、吸纳人才、减轻赋税、安定人心等。但南巡也是有利就有弊，将乾隆帝和康熙帝南巡做比较，就一目了然了。

康熙帝六下江南，轻车简从，所以他花费的也就相对较少。而乾隆帝就不同了，每次下江南，都是前呼后拥，无论是后宫妃嫔，还是文武百官，总要跟随很多人。不仅如此，乾隆帝在南巡的过程中，所需粮食从全国各地调来，连所喝之水都是从北京、济南、镇江等地调来的，这些物质上的挥霍，总是会为百姓增加负担和困扰。

随着南巡带给百姓负担的日益加重，朝廷中有很多忠良大臣曾劝阻乾隆帝停止这种行为，但大多都遭到了贬斥。在这种情况下，大臣们也就不敢再多加干涉了。就这样，大清国库枯竭，开始从康乾盛世走向衰败。乾隆帝晚年时，终于认识到南巡所带来的危害，认为自己的一生没有犯过太大的过错，只有六下江南，劳民伤财，好心却办了坏事。

除却南巡之外，不得不提乾隆帝提出的"闭关锁国"政策。

　　众所周知，18 世纪后期到 19 世纪前期，是工业革命蓬勃发展的重要阶段。而此时，乾隆帝的一纸命令，直接阻断了中国和西方世界同步发展的机会，为以后中国的百年积弱埋下了伏笔。

第二章

中兴之君

中兴之主——汉宣帝刘询

每个朝代都有昏君和明君，就像每天都有白天和黑夜一样。而这里要讲的主人公就是一位明君，他就是汉宣帝刘询。

汉宣帝不仅是一位明君，还是一个"命苦"的人，因为他的幼年是在监狱中度过的。

公元前91年，一名婴儿降生在尊贵的皇家。他就是汉宣帝，汉武帝之曾孙，太子刘据之孙，史皇孙刘进之子，史称"皇曾孙"。

天有不测风云，人有旦夕祸福。一场巫蛊之祸，彻底将这尊贵的一家打进了无间炼狱。

这场祸乱发生在汉武帝和他的儿子刘据之间。当时，刘据受到佞臣江充的陷害，被汉武帝所猜疑，无奈只能被迫起兵讨伐江充，以求自保。兵败之后，太子刘据自杀身亡。刘据的母亲，汉武帝的皇后卫子夫也随之自缢身亡。汉武帝在盛怒之下，失去了分析能力，下令深究太子全家及其党羽。最终，太子一家除却仍在襁褓之中的刘询，全部遇害身亡。就这样，一个原本荣耀显贵的皇曾孙，沦为了阶下囚。

世事难料，身在帝王家，总是这般无奈。一个本应受到悉心照料的皇曾孙，却在长安牢狱中奄奄一息。如果没有意外，或许将要离开人世。

幸运的是他遇到了这辈子最大的贵人——邴吉，一个善良、正直、品德高尚的人。

邴吉是鲁国（今山东曲阜）人，自幼学习律令，曾在鲁国担任狱吏。任职期间，因为表现良好，被提拔到朝廷任廷尉右监（相当于现在的最高检察院检察官）。要知道，在朝廷上，仅仅有功绩是不行的，还需要有强大的资源。不幸的是，当时新入朝堂的邴吉，还没有适应朝廷那错综复杂的政治关系，就被调任外地担任州从事（封疆大吏的高级助手）。

巫蛊之祸时，因为涉及人员太多（几万臣民），朝廷严重缺人，所以就将远在外地的邴吉调了回来，参与案件审理。最后，分配给邴吉的任务就是主管长安的监狱。

命运就是这么奇妙，两个本毫无交集的人，就这样聚到一起。而且，对对方而言，都有着深远的影响。

一天，邴吉巡视监牢，无意间发现了襁褓之中的皇曾孙。因为长时间的啼哭，且很久没有进食，这名小婴儿已经奄奄一息。善良的邴吉眼见此景，终究还是于心不忍。他找来了狱中刚刚生育，且忠厚谨慎的两名女犯人来喂养这名小婴儿，并且尽量给这位皇曾孙提供最好的环境，如找一间通风、干燥的牢房，供给需要的物品等。

在这样的环境下，小刘询长到了五岁。直到有一天，有人对病重的汉武帝说，长安狱中有天子气。事实证明，这一招对很多皇帝都是管用的，多疑的汉武帝也不例外，于是就有了将长安监狱中所有犯人杀无赦的命令，无论这些犯人的罪行是轻是重。

紧急关头，又是邴吉救了小刘询一命。当使者连夜来到邴吉主管的监狱，要执行汉武帝的命令时，邴吉抗旨了。他命令关闭监狱大门，将使者拒之门外，对峙一夜之后，使者还是没能进入监狱，只得回到宫中向汉武帝复命。或许是武帝又清醒过来，认识到了自身的问题，于是便收回了这道命令，并大赦天下。

就这样，小刘询在五年之后，终于重见天日，得以离开牢狱。虽然小刘询的父母、祖父母都已经去世，但他的祖母史良娣的娘家还有人健在，就住在长安近郊的社县。得到消息的邴吉，就将小刘询送了过去。当时，史家还有小刘询的舅曾祖母贞君以及曾祖父史恭。他们见到小刘询时，惊喜交加，毅然而然地担负起抚养刘询的重任。

之后，为了让小刘询不受幼年事情的影响，家里人就再也没有提及长安监狱的事。邴吉也回到了长安，继续做官，绝口不提小刘询的事。就这样，一个年仅五岁、还没有记事的孩子，在他的脑海中，长安监狱中两个慈爱的奶娘及邴吉，逐渐模糊。很多年以后，这段记忆才逐渐被拼凑在一起。沧海桑田，世事变迁，到那时，天下又是谁的天下？

晚年的汉武帝终于知道了当年巫蛊之祸的真相，后悔不已。他在轮台下诏罪己，为太子刘据平反。那些诬陷太子的人，最终也受到了应得的惩罚。

人之将死，其言也善。武帝在临死前终于想到了太子刘据一脉中仅存的独子，下诏令宗正（主管皇室族系的官员）将小刘询重新载入皇室的族谱，恢复了他皇室成员的身份。

按照汉朝的制度，所有未成年的皇家子弟都应由掖庭令看管抚养。于是，小刘询就从杜县舅祖父家来到长安接受抚养教育。

当时的掖庭令名为张贺，原本是太子刘据的家臣。刘据生前对他非常好，为了报答刘据的恩德，张贺对小刘询的抚养教育也格外上心。张贺不仅在职权范围内处处优待小刘询，并且还自费助刘询读书游学。刘询长大之后，张贺还为他操办了婚事，迎娶了许平君为妻。

就这样，刘询在舅祖父史家、张贺及妻子许家的帮助下，受到了良好的教育。除此之外，他还喜欢游山玩水。和其他人单纯的游玩不同，他在游玩的过程中，仔细观察各地的民情，对民间疾苦有了更深刻的认识。

一个人学到的知识、经历的事情，在未来总是会发挥作用。当刘询登上皇位之后，这些都将是他成为一个好皇帝的资本。

元平元年（公元前74年）四月，汉昭帝刘弗陵驾崩，没有留下子嗣。大将军霍光拥立昌邑王刘贺为帝。在位二十七天后，霍光以其不堪重任为由，奏请十五岁的上官皇太后（霍光的外孙女），废黜刘贺。于是，皇位有了空窗期。

这时刘询十八岁。时隔十三年后，邴吉又给了他一个大恩。

当时，任职为光禄大夫的邴吉向霍光推荐刘询，太子刘据一系中的唯一子嗣。

霍光认同，所以刘询就登基称帝了，史称汉宣帝。

值得注意的是，当时刘询并不知道邴吉对自己的大恩，无论是幼年还是扶持他登基，而邴吉也从未提过。

试问，人世间有几人能做到如邴吉这般？施人于恩德，却不邀功。

但好人终究会有好报。在很多年后，当年在牢狱中照顾过刘询的宫女上书请功，要求朝廷照顾自己的晚年生活，并言明当年的监狱官邴吉可以证明。

当年事已高的邴吉看到这位一样年老的宫女时，他说确实见过这位宫女，但她并不是皇上的奶妈。

直到此时，邴吉才将当年长安监狱的事情一五一十地说出来。原来，当年邴吉曾让这位宫女照顾年幼的宣帝，但她并不尽心照顾，有时甚至还会责打他。而宣帝真正的奶妈只有两个，是淮阳人郭征卿、渭城人胡组。

时光荏苒，当幼时的零碎记忆被慢慢组合在一起，是不是既震惊又感人？

宣帝当即决定，念这位宫女在其年幼时有过照顾自己的举动（虽然不好好养），赏钱十万，让她得以安享晚年。然后下诏寻找郭征卿、胡组两位奶妈，但可惜的是，地方官员报告称这两位已经去世了。本人虽然去世，但可以福泽后代，宣帝再下诏寻找她们的子孙后代，找到之后厚加恩赐。而对于邴吉，宣帝特地下诏称"朕幼年卑微之时，御史大夫对朕有旧恩，功德无量"。宣帝赐封邴吉为博阳侯，食邑一千三百户。

刘询登基了，但并不是一个说一不二的皇帝。他清楚地知道他的上任皇帝刘贺是怎样被拉下皇位的。霍光，这个在朝野中只手遮天的人物，必须要防范。

所以，他现在需要做的就是隐忍。他令霍光继续执掌国政，并褒奖以霍光为首的功臣，借此得到了霍光的忠心辅佐。

对于一个有作为的君主来说，这种隐忍应该是痛苦的。直到六年后，霍光去世。

终于可以大展拳脚了吗？ 终于可以按照自己的意愿施政了吗？

就从此时开始吧！

霍光虽死，但霍氏宗族的势力依旧不容小觑！ 汉宣帝只能用温水煮青蛙的方式，在不动声色间将霍氏家族的势力慢慢去除。或是明升暗降，或是去除兵权，慢慢地，温水变成了沸水，霍氏家族失去了权势。

当一个家族习惯性地站在权力的巅峰，突然跌到谷底，会不会感到愤怒？

霍氏家族应该是愤怒的，因为他们已经开始密谋造反了。但可惜因计划的泄露而惨遭失败。

这个下场是悲惨的。

值得一提的是，虽然霍光一家被刘询灭门，但他并没有否定霍光的政绩，晚年在麒麟阁设置画像时，仍把霍光列为第一功臣。

汉宣帝在位期间，研究汉朝自建立以来执政的经验教训，继续执行武帝后期休养生息的基本国策，并在此基础上进行必要的补充和改革。他解放百姓的思想，严格要求大臣，从而使朝野间的政治更为清明，社会经济更加繁荣。

史书载："孝宣之治，信赏必罚，文治武功，可谓中兴。"

中兴之主，名副其实。

"光武中兴"——汉光武帝刘秀

中国历史上朝代很多，每个朝代都会经历从盛世走向衰落的阶段。如果在走下坡路的过程中，没有出现一个中兴之君，那这个朝代基本就走向了衰落。作为汉族文化的奠基王朝——汉朝，就遭遇过这样的危机。幸运的是，一个农民及时挺身而出，挽狂澜于既倒，将大汉的江山又延续了两百年。

他就是东汉的开国皇帝——刘秀。

刘秀生于西汉末年，是刘邦的第九世孙，汉景帝一脉的皇族后裔。作为皇族成员，刘秀本来可以享受很好的待遇。但是汉武帝时期，刘彻为了削弱诸侯王的势力，就实行了"推恩令"政策。以前的政策是，上一任王爷去世，就把爵位和封地传给嫡长子，其他儿子没有份儿。这样一来，新任王爷的势力依然很庞大。而实行"推恩令"的政策，名义上是推恩，让诸侯王把封地分成几部分传给几个儿子，让每个皇族的后人都能分一杯羹，但其本意是化整为零，化大为小，把一块大的封地变成零散的小块。这样一代代传下去，每个人得到的封地越来越少，爵位也越来越低，很快就沦为平民，对中央政府就难以构成威胁。不得不说，汉武帝这一招实在是高明之极。

刘秀家就是这样，祖先是王爷，到了父亲刘钦这一辈，就只能做个小县令了。刘秀出生的时候，刘钦正在济阳县当县令，据说当时红光满室，而且济阳县的水稻还出现了一茎九穗的嘉禾。因此刘钦给儿子取名为秀。

刘秀生下来没多久，母亲就去世了。刘秀九岁那年，父亲刘钦也撒手西去。刘秀和几个兄妹就成了孤儿。叔父刘良不忍心看着他们没人管，就把他们接到祖籍枣阳春陵白水村居住。从此，刘秀就在叔叔家种地放牛，成了一名普通的农民。

刘秀性子温和，为人忠厚善良，特别喜欢干农活。他兄长刘縯恰好跟他相反。刘縯游手好闲，喜欢结交浪子侠客，看不起种地的。刘縯经常把自己比喻成同样不喜欢干农活的刘邦，而把刘秀比作是刘邦的大哥刘伯。刘縯觉得，自己早晚都会像高祖一样建功立业，而弟弟刘秀只能做个农民。

的确，刘秀平日里除了种地干活，并没有什么大的志向。但是，人都是会成长的。

刘秀的姐姐，嫁给了新野的邓家。邓家与新野当地的望族阴家有来往。有一次，他去姐姐家，见到了阴家的姑娘阴丽华，大发感慨娶妻当娶阴丽华！阴丽华时年十三岁，长得美艳不可方物，是远近闻名的大美女。刘秀这个青年农民一下子就被吸引了。

在我国古代，女子一般到十五岁就出嫁了，十三岁基本上都定亲了。刘秀对阴丽华有这个想法，是正常的，合情合理的。

但是，他也就想想而已，因为阴家是当地的名门望族，不可能把自己的宝贝女儿嫁给一个农民。

这大概是刘秀人生中第一个大的目标。

在叔父家种了十年地之后，刘秀突然想读书，于是就来到长安，学习《尚书》。有一次，刘秀看到长安城的执金吾出行，排场非常大，就很羡慕，当即立下了人生的第二个目标：仕宦当作执金吾！

对青年农民刘秀来说，这两个人生目标似乎都是遥不可及的，是无法实现的。

没想到的是，一场来自全社会的巨变，让他很快就梦想成真了。

这场巨变就是王莽篡汉。

王莽，字巨君，西汉孝元皇后王政君的侄子，王氏外戚集团的重要成员。当时的朝政被王政君的娘家牢牢控制，王氏一家九人封侯，权倾朝野。王家人奢侈糜烂，嚣张跋扈，唯有王莽生活朴素，谦恭好学，因此声名远播，成为世人所崇奉的道德楷模，人们都把他比作"周公再世"。王政君听说自己的侄子这么好，就不断提拔他。于是王莽的地位越来越高，权力也越来越大。终于在有一天，他暴露了自己的真面目，逼着汉朝的小皇帝把皇位禅让给自己，改国号为"新"，建立新朝。

当时的西汉，政治腐败，贪官污吏搜刮民脂民膏，地方豪强兼并土地，百姓流离失所，人心躁动，社会动荡不安。王莽是个儒家子弟，他认为，只有像孔子所说的那样，恢复到周朝的礼制社会，才能治国安天下，因此他出台了一系列新政，将一切都强行收为国有，不准私自买卖土地。结果这些政策在推行时不得法，又不顾实际情况，遭到了诸侯乃至平民的反对。人们未蒙其利，先受其害，叫苦连天。社会更加动荡了。

同时，王莽对边疆民族也采取了错误的政策，他逼迫羌人献出青海湖，把匈奴、高句丽、西域和西南蛮夷的级别从"王"降到"侯"，还收回人家的玉玺，擅自挑起战争等，导致战乱不断。

最致命的是，他没有解决因为土地兼并而产生的流民问题，反而大兴土木，征发劳工和士兵，导致百姓背井离乡，流窜外地，很多人都做起了强盗。一些地区开始出现农民起义。到后来，起义频发，烽火遍地。河北、山东、湖北、安徽等地都出现了义军，他们人数不等，有几千人的，也有几万人的，跨州连郡，声势浩大。

在这些起义军中，南方的绿林军和北方的赤眉军，是规模最大的义军。

起义的火焰燃烧到刘秀家乡的时候，刘秀的哥哥刘縯一下子就忍不住了，他立马拉起了一支队伍。刘秀却在暗中观察形势，直到觉得时机成熟了，才购买兵器铠甲，与兄长合兵一处。

由于当时家穷，刘秀连匹马都没有，不得已骑着一只牛上了战场。直到后来杀死了新野尉，才夺得一匹战马。

打下新野等地之后，刘秀兄弟俩率领自家的队伍，跟其他绿林军联合攻打宛城，经过浴血奋战，攻下了宛城。后来战果不断扩大，绿林军渐渐占据了南方各州郡。

23年，绿林军的几个主要将领拥立汉室宗亲刘玄为更始帝，建元"更始"。对此，刘秀的大哥刘縯极为不满，因为刘縯本人也是汉室宗亲，战功又高，而且志向远大，自己还想当皇帝呢，皇位却被别人抢走了，心里就难免产生怨恨。

王莽听说起义军立了新的皇帝，就派大司空王邑和大司徒王寻发兵四十二万前往昆阳镇压。当时昆阳只有九千起义军，听说朝廷百万大军来了，都想弃城逃跑。关键时刻，刘秀说服了守城将领固守昆阳，自己带领十三骑出城调集援兵一万七千人，后来又亲自率领三千敢死队突袭新莽军，最终将几十万新莽军队打败，获得了昆阳之战的胜利。

这一仗，刘秀名震天下。

但是，当他沉浸在胜利的喜悦中时，一个噩耗传来，兄长刘縯被更始帝杀死了。

刘縯死于他的性格和野心，死于绿林军的内部矛盾，死于更始帝的疑心。刘秀第一时间就判断出问题所在。他急忙回到宛城，既不表功，也不服丧，好像大哥死了跟自己一点儿关系都没有一样。

同时，他还娶了与更始帝关系很近的阴家的女儿阴丽华。一者可以完成自己的夙愿，二者可以让更始帝更加放心，缓解自己与绿林军其他将领的矛盾。

昆阳之战后，绿林军乘胜攻入长安，王莽被杀，新朝覆灭。

虽然新朝已经覆灭，但是北方各州郡的赤眉军并没有向更始帝归顺，因此更始帝派刘秀前去北方招抚各州郡。刘秀趁机在河北壮大自己的势力，笼络北方义军，与更始帝对抗。

25年，刘秀在河北千秋亭登基，国号为"汉"，改元建武。十月，定都洛阳。36年，平定天下。用了十二年的时间，刘秀把从新莽开始的乱世回归一统，重现安宁局面。

将近二十年的动乱，给百姓带来了极大的伤害。财富损失且不论，单单是人口，就损失了五分之四。因此刘秀即位后，偃武修文，放马南山，不再谈论军旅之事。有武将建议他趁着匈奴内部分裂发兵袭击，刘秀却下诏说："今国无善政，灾变不息，百姓惊惶，人不自保，而复欲远事边外乎……不如息民。"

他勤于政事，经常和大臣讨论国事到深夜才去睡觉。他的儿子刘庄劝他多注意身体："陛下有禹汤之明，而失黄老养性之福，愿颐爱精神，优游自宁。"他却觉得自己为政多年，无益于百姓。

为了减轻百姓负担，他精简机构，裁撤官吏，减少公职人员。当时许多百姓都因为贫穷而卖掉自己的女儿做奴婢，他就减少徭役，发救济粮，并且连下六道诏书，命令释放奴婢，禁止地主豪强残害奴婢。

他重视文化，下诏搜集天下书籍，兴办学校。各地儒生纷纷怀抱典籍，云集京师。几十年间，朝廷里的藏书数量就超过了西汉。经过一系列改革，刘秀革除了西汉以来的积弊，社会日渐安定，国力逐步强盛，因此，东汉被后世史学家推崇为中国历史上"风化最美，儒学最盛"的时代。

尤其难能可贵的是，中国历史上的开国皇帝，为了江山稳定，往往会杀死跟随自己打天下的功臣，而刘秀却没有。他只是巧妙地解除了这些人的军权，赐给他们良田美宅，让他们回去享福。既保留了君臣之间的情义，也落了一个仁义的好名声。

57 年 3 月 29 日，刘秀在南宫前殿驾崩，享年六十二岁，在位三十三年，谥号光武皇帝。鉴于他在位期间对社会作出了巨大贡献，后人将那段历史称为"光武中兴"。

"仁宣之治"——明宣宗朱瞻基

朱瞻基是明朝第五位皇帝,是朱元璋的曾孙。他的祖父是明成祖朱棣、父亲是明仁宗朱高炽。

朱瞻基出生的时候,他的曾祖父朱元璋还没有死,他的祖父朱棣还是燕王。据说朱瞻基出生的那天晚上,燕王朱棣做了个梦,梦见自己的父亲朱元璋赐给他一块大圭,对他说:"传世之孙,永世其昌。"朱棣醒了之后,觉得这梦很吉利。因为圭是权力的象征。正好有人向他报告说孙子朱瞻基降生了。他赶紧跑过去看,发现孙子长得跟自己很像,有英武之气,于是就很高兴地说:"此乃大明朝之福也。"

这个梦,以及朱瞻基的诞生为朱棣后来造反提供了精神上的支持。

朱棣造反成功后登基为帝,封儿子朱高炽为太子,孙子朱瞻基为皇太孙。朱棣牢记梦里的那一幕,认定自己的孙子是可造之才,就亲自为朱瞻基挑选著名的文臣做老师,让他们尽心尽力地教导他。朱棣也经常亲身教导,行军打仗的时候往往会带上朱瞻基,训练他的勇气和智慧。在朱棣的培养下,朱瞻基很快长成一名文武兼备的出色少年。

朱棣驾崩后,朱瞻基的父亲朱高炽登基,是为明仁宗。明仁宗从小身体就差,不仅腿脚有毛病,还很胖,眼睛也不是很好使。但他是一个很仁慈的人,再加上他的儿子朱瞻基在朱棣心中的分量很重,朱棣就把皇位传给了他。

明仁宗在位不到十个月,就暴病而亡。他驾崩得如此之快,导致人们对他的死因产生了猜测。

有人认为他是纵欲而死，因为大臣李时勉在他刚刚即位之后就给他上疏，劝他不要纵欲。明仁宗看了奏折，当时大怒，喝令武士对李时勉动刑，差点把李时勉打死。直到临死前，明仁宗还愤愤地道："时勉廷辱我。"

明朝人陆钺的《病逸漫记》中有如下记述："仁宗皇帝驾崩甚速，疑为雷震，又疑宫人欲毒张后，误中上。予尝遇雷太监，质之，云皆不然，盖阴症也。"

所谓"阴症"，自然是与纵欲有关了。这话从太监嘴里说出，应该是可信的。

但也有人认为是朱瞻基将他害死的。因为朱高炽病重的时候，朱瞻基正在南京。他的皇叔朱高煦离京城很近，朱高煦早年就跟朱高炽争皇位，现在朱高炽快死了，朱高煦肯定会先入京城，在朱瞻基之前登上皇位。事实上，朱高煦也正是这么想的。他还派杀手在半路上拦截朱瞻基。

然而，让所有人都大吃一惊的是，朱瞻基居然比朱高煦还先一步到达京城。这意味着，朱高炽还没死的时候，朱瞻基就知道他什么时候要死了。而且他的父亲驾崩后，他从容有度地处理父亲的丧事，将丧事安排得井井有条，让人不得不怀疑这一切都是他早已准备好的。

但是，没有确凿的证据，谁也不敢断言。

总之，朱瞻基有惊无险地躲过了皇叔的暗杀，即位了。

朱瞻基即位之后，首先要做的就是如何解除皇叔对自己的威胁。他有两位皇叔，汉王朱高煦和赵王朱高燧。这两人在他的父亲做太子期间就一直小动作不断，可谓是蓄谋已久。因此他即位后，就对两个皇叔加强了防范。但是朱高煦觉得侄子年轻，自己又忍了那么多年，就毅然决然地起兵。结果事情败露，被朱瞻基知道了。朱瞻基就写了一封信给他，让他罢兵。但朱高煦不听，非要造一把反。于是，朱瞻基只好御驾亲征，派大军将朱高煦重重包围，结果一仗没打，朱高煦就投降了。

大臣们劝朱瞻基处死朱高煦，但是朱瞻基念着叔侄情分，没有杀他，而是将朱高煦囚禁在西安门旁边。三年后，朱瞻基亲自去探望朱高煦，不料在朱高煦的牢房里，朱高煦像儿童搞恶作剧似的，突然伸出脚，把朱瞻基绊倒在地。朱瞻基从地上爬起来，惊怒交加，就命人抬过来一只三百斤的大缸，把朱高煦扣在里面。没想到朱高煦还不老实，居然用尽力气，顶着缸走来走去。朱瞻基当即就命人在缸的周围放上炭火，把朱高煦活活烤死了。

平定皇叔的叛乱，对于明朝的稳定至关重要。只有国家稳定了，朱瞻基才能放开手脚治理朝政。

他任命内阁大学士杨士奇、杨溥、杨荣为群臣之首，总揽朝政，时称"三杨"。这三人识大体，顾大局，各有所长，彼此间和睦相处，很少有钩心斗角之事。朱瞻基和他们之间的关系也非常融洽，朝政交给他们打理，朱瞻基很放心，就经常出去游玩，巡幸各地。

朱瞻基重视农业，体恤民情，"坐皇宫九重，思田里三农"。有一次，他外出游玩，经过一片农田，看到有老农在耕地，就下马询问庄稼的生长情况。然后看到老农的耕具，来了兴致，就亲自下田去犁地。结果推了几下犁铧，就停下来对随行的大臣说："我才推了这几下，就累得不堪，何况这些老农终年劳作呢？我们一定要体会他们的难处啊。"

回去之后，朱瞻基还为此事写了文章，让大臣们传阅。

军事方面，朱瞻基作风强硬。当时的军队里军官腐败现象特别严重，很多军官侵吞士兵的粮饷和冬衣，让士兵成为私人奴仆为自己干活挣钱，还利用职权向富人出售免征券。朱瞻基针对这些弊病，大力开展清查活动。他派了一批又一批监察官到部队去清查贪污现象，还举行公开的军事检阅，发表演讲，提高士兵的士气。

经济方面，朱瞻基对农民减税，改革财政制度，刺激纺织业的发展。在他的政策下，户口与耕田逐渐增多，粮食产量增加，农民生活日渐好转。

至于文化方面，朱瞻基本人就是一个多才多艺之人。他擅长书法以及绘画，他的山水画、人物画、花鸟鱼虫画，都有很深的功底。他经常画一些作品，赠给大臣作为奖赏，上面盖着"广运之宝""武英殿宝"等印章。他改革科举制，建造"通集库""皇史晟"等楼阁以储藏书籍，共藏书两万多部，近百万卷。文物之盛，极于一时。

1435 年，朱瞻基驾崩，享年三十八岁，群臣给他上庙号宣宗，谥号宪天崇道英明神圣钦文昭武宽仁纯孝章皇帝。他在位的十年和他的父亲明仁宗在位的十个月，加起来一共十一年时间，是明朝历史上经济最繁荣发达、政治最为清明的阶段，因而被史学家称为"仁宣之治"，认为他的功绩堪比文帝与景帝。

"弘治中兴"——明孝宗朱祐樘

明孝宗朱祐樘是明宪宗朱见深的儿子，明朝的第九位皇帝。他十七岁登基，三十六岁驾崩，在位十八年，扭转了明朝朝政腐败、经济疲敝的局面，被后人称为"弘治中兴"。

朱祐樘的童年生活非常悲惨，他虽然生在皇宫中，却是吃百家饭长大的。原因是，他的父亲朱见深有一个非常善妒的女人，叫万贵妃。

万贵妃是朱见深最宠爱的妃子，因为万贵妃曾经陪伴朱见深度过他人生中最艰难的时光，所以朱见深在登基之后，对她万般宠爱，几乎天天陪在她身边。但是万贵妃唯一的孩子夭折了，此后也失去了生育能力，皇帝为了江山社稷着想，有时候也去临幸别的妃子。但是万贵又是个妒妇，皇宫里不管哪个妃子怀孕，她都会派人强行令其堕胎。因此朱见深一直没有子嗣。

有一天，朱见深去查看自己的小仓库，看到管理仓库的宫女长得漂亮，举止不凡，便一时兴起把她临幸了。朱见深拂衣而去，后来把这事就给忘了。但宫女却怀孕了，这宫女就是朱祐樘的生母纪氏。

纪氏本是广西土司的女儿。当年土司叛乱，被平定后，纪氏被俘入宫，做了宫女。她万万没想到自己会怀上皇帝的龙种，而她又深知万贵妃的恶毒，因此在怀孕之后，又是惊喜，又是担忧。

果然，消息很快传入万贵妃的耳中。万贵妃就派一名宫女去给纪氏堕胎。这名宫女到了纪氏的住处，不忍心下手，就回来对万贵妃撒谎说，纪氏没有怀孕，而是肚子里长了个瘤子。

万贵妃虽然相信了宫女的话，但依旧把纪氏打入了冷宫。

纪氏住在冷宫里，在非常危险的情况下，把皇子给生了下来。万贵妃得知后，又派亲信太监张敏去将小皇子溺死。张敏也没忍心下手，而是偷偷地把小皇子给藏了起来，并且联合后宫的太监、宫女们，每人都出一些钱养活这个婴儿。

这个婴儿，就是后来的朱祐樘。

朱祐樘六岁那年，太监张敏在给朱见深梳头的时候，听到朱见深感慨自己没有儿女，就把真相说了出来。朱见深大喜，当时就派人把朱祐樘接过来，并且昭告天下，封朱祐樘为皇太子，封纪氏为淑妃。

这件事让万贵妃怒火中烧，没想到这些太监和宫女们敢联合起来背叛她。她发誓一定要让他们付出代价。

于是，不久之后，纪氏就死于宫中，太监张敏也吞金自杀。朱见深的母亲周太后担心孙子朱祐樘也会遭到万贵妃的毒手，就把朱祐樘接到自己的仁寿宫内，亲自抚养。朱祐樘这才平安地成长了起来。

成化二十三年，明宪宗朱见深驾崩。十七岁的朱祐樘继承皇位，是为明孝宗。

朱祐樘所接手的明朝，是一个烂摊子。朝政腐败不堪，经济萎靡不振。他的父亲在世时所任用的朝廷重臣，时人称之为"纸糊三阁老，泥塑六尚书"，可见这些所谓的重臣能力是多么低下。他即位后，把这些人统统撤掉，换上贤臣，整顿吏治。

明朝中后期的皇帝都有崇佛信道的习惯。朱见深在位的时候，就养了一大批道士和尚。这些所谓的法王、国师、真人等妖言惑众，把宫廷搞得乌烟瘴气。明孝宗就处死为首的妖僧继晓，把这些和尚、道士全部逐出朝廷，革除他们的封号。

在治国方面，朱祐樘思路开阔，大刀阔斧地改革。他恢复了早已废除的晚朝制度，并且开设日讲制度，每天都与文武百官交流治国经验，批奏折直到深夜才睡。为了不让自己被奸臣蒙蔽，他把四品以上的官员名单贴在文华殿的墙上，没事就对着看，保证熟记每个官员的特征。

他对待臣子非常仁厚。有一次夜里仁寿宫起火，他一夜未睡，第二天不能上朝，就派人去向大臣们请假一天。京官要是深夜回家，他一定会安排卫士手执灯笼相送。大臣们对他的体贴都很感激，因此一个个忠心为国，形成了"弘治朝中多君子"的良好政治环境。

在经济方面，明孝宗轻徭薄赋，兴修水利，发展农业。他多次减免百姓的赋税，还发给贫民麦种和耕牛。为了减轻人民的负担，他自己在生活上非常节俭，曾多次下诏减少皇室的供奉。明宪宗在世的时候，爱穿松江府制作的细绒衣服。他当太子时，内侍给他送来这种布料，他当时就说这种布料制作的衣服，一件可抵得上几件锦缎。穿着太浪费了，就没有接受。他当皇帝之后，就下令禁止织造这种布料。

现存的史料里，有记录朝鲜使者对朝鲜国王谈论到明孝宗的节俭："先皇帝（宪宗）或于用人，间以私意；今皇帝（孝宗）则铨注登庸，一出于正。又性不喜宝玩之物，虽风雪不废朝会，临群臣皆以丧服，惟祀天祭用黄袍，臣等慰宴时不奏乐，不设杂戏，劝花置于床上而不簪。大抵先皇帝弊政一切更张矣。"

军事方面，明孝宗采取以和平为主的政策。不主动发动战争，以免劳民伤财。对于鞑靼小王子对边疆的侵扰，明孝宗下令只准抵抗不准出击，不劳师动众去沙漠里寻找敌人，而是固守边城，以逸待劳。

在生活作风上，明孝宗也堪称皇帝中的典范。他一生只娶了张皇后一人，不设其他妃嫔。他每天都跟张皇后同睡同起，读书弹琴，朝夕共处。在漫长的君主制社会里，普通男人三妻四妾都是常事，皇帝的后宫佳丽众多，明孝宗却能有如此定力，实属难得。

明孝宗不仅是一位仁君、明君，更是一位多才多艺的君主。他在当太子时期，接受了很好的教育。儒家经典烂熟于心，弹琴作画的功底也非常深厚。大臣们看他喜欢弹琴，害怕他沉迷于享乐，就纷纷上书劝说。明孝宗表面上答应，私下却对太监们说，"弹琴何损于事？劳此辈言之。"有一次他赏给一个画师几匹缎子，害怕被大臣们知道了又来多嘴，就对画师说："急持去，勿使酸子知道。"说明明孝宗虽然心里不情愿，但是为了不破坏言官们进谏的风气，始终给官员们留足了情面。

　　1505年，朱祐樘病逝于乾清宫，年仅三十六岁。由于他在位期间，明朝的国力得到了显著提升，因而被后人称为"弘治中兴"。他本人也得到了后世很高的评价，许多人都把他跟汉文帝、宋仁宗并列为三大贤君。

第四章

乱世帝王

武力并不能解决一切——西楚霸王项羽

"胜败兵家事不期，包羞忍耻是男儿。江东子弟多才俊，卷土重来未可知。"这是晚唐著名诗人杜牧所写的《题乌江亭》。他表达了对项羽自刎乌江的失望和惋惜。

在后世，很多人可能都有这样的想法，认为英雄如项羽般的人物，到底为何会输给了刘邦？到了最后，为何不能忍辱负重，回到江东重整旗鼓？

往事已矣，项羽的结局在历史中已被注定。但这并不妨碍我们继续深入历史，找寻项羽失败的原因所在。

曾经听过一句话，"人之所以能成功，是因为想成功"。刘邦就是这样的一个人。他拥有远大的理想和抱负，所以他的目光就放得长远。而项羽则不一样，他虽有抱负，却不远大，所以导致其鼠目寸光。这一点，可以从他们二人进入咸阳后的不同表现进行分析。

和在沛县时的吊儿郎当不同，进入咸阳的刘邦，面对秦皇宫数之不尽的金银财宝及美女佳人皆不为所动、秋毫无犯，最终退居灞上，不杀秦王子婴，与关中百姓约法三章，深受百姓的喜爱。而项羽的所作所为却正好相反，杀子婴、烧宫室、屠咸阳。种种行径，都显露出他的残酷、暴虐。俗话说，得民心者得天下。对比刘邦与项羽的行为，谁更能得到人心呢？答案不言而喻。

其实，并不只是咸阳城，项羽攻下其他城池后的表现也非常野蛮。史书上记载了四个字，即"城无遗类"。也就是说，当项羽攻占一座城池之后，城内的百姓们就会被屠戮一空。

咸阳作为帝王之都，龙气汇聚，是将来极好的定都之地。但现在竟然被项羽搞成这样，实在是令人感到惋惜。我们只能默默地问上一句："项兄，你能不能动动脑子？"

原来，项羽根本就没有在这里定都的打算，而是想回到家乡。原话是这样的："富贵而不还乡，如锦衣夜行。"这句话可以理解为：一个人成为亿万富翁，如果不在父老乡亲面前显摆，就对不起自己挣的这么多钱。所以，这就是项羽的打算，打完天下就回老家。说得好听一点，就是眷顾家乡；说得难听一点，就是胸无大志，这就是项羽。

对于成功人士，还有一种共性，那就是面对挫折时不屈不挠、沉着冷静。这一点，在刘邦身上都有体现。在楚汉争霸时，项羽对刘邦久攻不下，气急败坏。于是，他就在大军前支起一口大锅。烈火熊熊之下，项羽把刘邦的老父亲推到了阵前，对刘邦大声喊道："刘邦，再不投降，你父亲就要遭受油炸之苦了。"面对此种情况，一般人肯定都是无比慌乱，不知所措。而刘邦却不在一般人的范畴之内，只见他不慌不忙道："项老弟，难道你忘记了咱们结拜为兄弟时的誓言了吗？ 咱们已是兄弟，所以父亲是共同的。你如果真的打算把咱们的父亲油炸了，记得给哥哥我留碗肉汤喝！"最终，如刘邦所料，项羽没有下手。

其实，使用这项策略实为下下策。试想，一个贵族使用流氓手段对付流氓，这怎么可能成功呢？ 最终偷鸡不成反蚀把米，打不下刘邦，回营之后还生闷气，实在太不值得了。

作为统帅的项羽，在遇到挫折时不能沉着冷静，在某种程度上也注定了他的结局。

俗话说，有多大的胸怀，就有多大的事业。对于这一点，也是项羽和刘邦的不同之处。很不幸的是，豁达大度的是刘邦，气量狭小的是项羽。

众所周知，刘邦是一个大老粗，没什么文化，但他的肚量却是常人所不及的。就拿他早年间在沛县当泗水亭长时的事来说，上头给他派了一个任务，让他把一批犯人押到另一个地点。但是，在他押送的过程中，犯人跑了一个又一个，走到半道犯人都快跑光了。按照一般人的思维，遇到这种事，肯定是对犯人严加看管，坚决不能再放跑一人。而刘邦却没有这样做，因为他知道就算从现在起，不再放跑一人，最后自己还是要受到惩罚。于是，他索性将这些犯人全部放开，备下酒菜大吃大喝一番之后，让他们全部逃命去。而他，当然也是逃命。这件事的最终结果是，有一些犯人跑了，而有一些犯人没跑，没跑的人都跟随了刘邦。

这就是刘邦的肚量、胸襟。俗话说，"海纳百川，有容乃大"。只有有度量的人，才能容纳天下英雄，将他们聚在麾下，为自己所用。

很遗憾，项羽不是一个胸襟广阔的人。

根据《史记·淮阴侯列传》中记载，韩信是这样评价项羽的："项王见人恭敬慈爱，言语呕呕，人有疾病，涕泣分食饮，至使人有功，当封爵者，印刓敝，忍不能予，此所谓妇人之仁也。"意思是说，项羽是一个很有礼貌的人，心肠也很软，将士中有谁受了伤，他会流着眼泪去送饭，嘘寒问暖。但是当将士们经过浴血奋战，应该得到奖赏的时候，他就舍不得了。那些已经铸好的将印，在他的手上转来转去，就是转不到应该受封赏的将领手中。

从此处着眼，可以用两个字来形容项羽，那就是"小器"。

除去以上内容之外，项羽最终会输给刘邦的最大原因，应该是用人方面。刘邦曾经说过，"夫运筹帷幄之中，决胜千里之外，吾不如子房；镇国家，抚百姓，给馈饷，不绝粮道，吾不如萧何；连百万之军，战必胜，攻必取，吾不如韩信。此三人，皆人杰也，吾能用之，此吾所以取天下也。"我们可以把刘邦的这段话称为三不如理论，即谋略不如张良，后勤工作不如萧何，行军打仗不如韩信。这三个人随便挑出一个都是人中之龙，但最终都被刘邦所用，所以最终刘邦取得了天下。

而项羽在用人方面远远不如刘邦。项羽身边仅有一个闻名遐迩的大谋士范增，最后范增因项羽的多疑和不满愤然离去，途中发背疽而死。 这就是他最终败于刘邦的最大原因。

成者王，败者寇，这是亘古不变的真理。通常，作为失败者，在历史上鲜有获得好名声的，而项羽则是一个例外。可能是因为"自古男儿多薄幸"，而项羽却是一个痴情人，所以能博得众人同情的缘故吧。

在楚汉争霸即将结束的最后关头，当项羽军队被汉军团团包围时，项羽却没有思考如何渡过难关，而是在想虞姬应该怎么办。

红烛摇曳，四目对视，只想将对面的人牢牢地记在心中。当刚烈而又柔情的剑挥舞起，随之而起的是那流传千年的《亥下歌》："力拔山兮气盖世，时不利兮骓不逝，骓不逝兮可奈何，虞兮虞兮奈若何。"

当红颜逝去，只剩下一人立于乌江之畔，一句"无颜见江东父老"彻底将项羽的命运终结。

败于刘邦手中，最后自刎于乌江边的项羽，好像有很多的仰慕者。在这些仰慕者中，名声最大的莫过于宋代的著名词人李清照了。在其一首脍炙人口的诗《夏日绝句》中，充满了对项羽的仰慕之意。而这首诗，从某种程度上也对项羽做了一个简单的概括。

生当作人杰，死亦为鬼雄。至今思项羽，不肯过江东。

总而言之，在那个英雄的时代，项羽也无愧于英雄的称号。

失败的改革家——新始祖王莽

王莽，字巨君，西汉末年受刘氏"禅让"，建立新朝。他的一生可以分为两个阶段，分别是称帝前及称帝后。为什么这样区分？ 这是因为称帝前的王莽是十分成功的，但称帝后却十分失败。

他的成功来自何处？ 他的失败又来自何方？

王莽出生在显赫的王氏家族，家族中先后有九人封侯，五人担任大司马（如今的武装部总司令）。家族的显赫使他的族人过着声色犬马的生活，但唯独王莽例外。他独守清净、生活俭朴、待人谦恭，还肩负着照顾母亲、寡嫂以及兄长遗子的责任（自幼丧父、丧兄）。他处事周全，对外结交贤士，对内服侍各位叔伯。就这样，王莽在世家大族中脱颖而出，成为远近闻名的贤能之士。

得道者多助，失道者寡助。王莽的贤能使很多人愿意帮助他。他的伯父在临死前嘱咐王政君（当时的皇后、王氏家族之女）要照顾王莽。朝中许多大臣都在汉成帝面前为王莽说好话。所以，王莽的官职就一路高升，最后被封为新都侯、骑都尉、光禄大夫侍中。

身居高位的王莽，并未因此变得"高处不胜寒"，他仍旧礼贤下士、清廉简朴。他时常用俸禄接济门生、平民。甚至有一次，他将自己的马车卖掉，用来接济穷人。所以，无论在朝野，还是在民间，他的名声越来越好，甚至都超过了他的那些大权在握的叔父们。

当时王莽的叔父王根担任大司马多年，因年老体衰多次提出退休。朝中的大臣们都认为，王莽的表兄、王太后的外甥淳于长名列九卿之首，必定是下一位大司马的人选。

俗话说，骄兵必败。淳于长并不知道自己还有一位潜在的竞争对手，他就是王莽。一个在明，一个在暗，最终得意忘形的淳于长被王莽抓住了把柄。

本以为胜券在握的淳于长大肆收受贿赂，封官许愿，甚至还勾搭上了汉成帝已废的许皇后。他的行为都被王莽收集起来，后来王莽利用探病的时机将这些事情告诉叔父王根。王根大怒，让王莽将此事速速向太后禀报。事情败露的淳于长被汉成帝罢免了官职，并赐死狱中。淳于长死后，王莽继其叔父王根之后出任大司马一职，时年三十八岁。

王莽上任后，在处理政务上兢兢业业，在选拔人才上一丝不苟，在生活上越发节俭。据说，有一次百官来到他的家中见到王莽的夫人穿着十分简陋，还以为是奴仆。

正当王莽声誉日隆之时，汉成帝驾崩了。由于汉成帝没有留下子嗣，所以由其侄子，原定陶王刘欣即位，是为汉哀帝。

一朝天子一朝臣。汉哀帝登基之后，王氏家族作为先帝的外戚而受到了沉重的打压，取而代之的是傅太后及丁皇后的外戚家族。作为王氏家族族人的王莽也被辞去大司马一职，隐居在封地新都，闭门不出。

值得一提的是，在他隐居期间，他的二儿子王获由于杀死了一个奴婢，被王莽大骂一顿，并逼其偿命，而得到世人的好评。

后来，许多官员和平民都为王莽鸣冤抱不平，要求汉哀帝恢复王莽的官职。汉哀帝虽不情愿，但也只能将他召回京城。

一年之后，汉哀帝驾崩，未留下子嗣。王太后在收取传国玉玺之后，立即宣布重选大司马一职，毫无意外，大臣们纷纷选择了王莽。大臣们在商议之后，迎立九岁的刘衎登基（即汉平帝）。

王莽再次担任大司马后，很快组织了得心应手的班底，在此基础上排除异己，逐渐培养起自己的党羽。在此期间，他曾建议王太后带头提倡简朴的生活，自己也贡献出百万钱财、三十顷田地，用来救济百姓。元始二年（2年），全国大旱，并发蝗灾，百姓们苦不堪言，流离失所。后来，在王莽的带头下，两百多名官员将自家土地、住宅献出救济灾民，并对受灾地区减免赋税。由此，灾情得到了一定程度的缓解，而灾民也得到了抚恤。

6年，汉平帝因病去世，王莽为了能够更好地把持朝政，拥立年仅两岁的刘婴为皇太子，王太后临朝听政，王莽则暂代天子处理朝政。

那时的王莽可谓权倾朝野，如日中天，几乎和皇帝没有什么区别。但也因如此引起了刘氏宗亲的强烈反对，甚至起兵造反，但都被王莽调动大军镇压了。最后，反对的声音被王莽扫除之后，不断有人以各种名目劝谏，王莽接受了傀儡皇帝刘婴的禅让，进天子位，改国号"新"，为新始祖。

王莽终于当上了皇帝，从踏上仕途到称帝共用了三十一年的时间。其实，仔细分析可以发现，王莽的成功绝非偶然。自汉宣帝之后，宦官、外戚开始专政。汉哀帝时，虽然王氏家族遭到了打压，但外戚傅氏、丁氏的所作所为与王氏相比却有过之而无不及。汉哀帝封宠臣董贤为大司马，祸乱朝政。

外戚、宠臣在朝野间呼风唤雨、胡作非为。大小官员勾结权臣、鱼肉百姓。在这样的环境下，王莽的出现给人们带来了一丝希望。朝野间穷奢极欲、贪污成风，但王莽却体恤百姓，将自己的钱财授之于众。当民间灾情再起，王莽和太后带头捐资，更是得到了百姓的拥戴。

总而言之，王莽之所以能够登上帝位，绝非偶然，而是在当时的局势下，得人心的必然结果。

当我们翻阅史料的时候可能会发现，汉朝对王莽的历史评价很低，称他是一个"伪"人。什么是"伪"，就是伪装的意思。也就是说，汉朝的史学家认为王莽是一个非常善于伪装的人。其实不然，王莽生活俭朴、待人谦恭、孝敬母亲和寡嫂都是事实，在他的一生中都是如此作为。一个人的一生都是如此，怎能将其称作"伪"呢？当然，如果站在汉朝的角度，就能够明白，为何他们会这样评价王莽，毕竟他谋取了汉朝的天下。

除了称帝之外，王莽的另一大事件就是改革。

王莽信奉儒家思想，在他登基后，为了能够实现政通人和，开始使用西周的制度推行新政。这个改革被称为"王莽改制"。

王莽改制的主要内容大致可分为以下几方面：

（1）土地改革，变天下田为王田，恢复井田制处理土地问题。

（2）奴婢私有化，不得买卖。

（3）实行"五均六筦"。是指在长安及全国五大城市设立五均官，从而掌控市场的物价、五均赊账、征收商税。并将盐、铁、酒、铸钱收回，由政府经营。山泽的使用则需要交纳赋税。

（4）货币改革。

（5）改革中央机构，调整郡、县划分，改官名、地名。

（6）改变少数民族族名和首领的封号。

有人可能会有疑问，为什么已经实行了改革的王莽还会落得被杀的结局呢？其实，改革正是罪魁祸首。

首先，土地和奴婢的问题。王莽改制中要求将天下的田地全部归为"王田"，实行井田制。何为井田制？就是一个家庭，如果家中的男丁没有超过八口，那所用的田地就不得超过一井。如果超过了，多出来的部分就要拿出来，分给那些没有田的人。试想，这项措施会不会遭到大地主豪强的强烈反对？毕竟，这项措施涉及他们的自身利益。王莽改制中还规定，奴婢私有化，不得买卖。但地主豪强家中的奴婢大多是用来做农活的，如果他们将土地交出去，那么这些奴婢干什么呢？白养着吗？所以，土地和奴婢的问题就使社会矛盾激化了。而且，因为没有切实的强制性措施，所以大多数的地主都没有将多余的土地交出，在很大程度上这两项政策就成了一纸空文。

其次，货币改革。这项政策的主要内容是推行新货币。但这项政策最大的纰漏是，自汉武帝开始到现在原有的五铢钱已经铸造了两百八十亿万，但王莽却全无顾忌，依旧强制推行。新货币无法得到百姓的认同，最终还是不能贯彻实施，还将国家的经济搞得一塌糊涂，导致了社会的混乱。

再次，轰轰烈烈的改名运动。王莽崇尚周礼，认为改制后一切都要符合古义，所以就把地名、官名等几乎全部改动。不仅如此，有的名字不仅要改一次，而是一改再改。据说，曾经有一个郡，在一年内被改了五次名，最后改得官吏和百姓都头晕脑胀，给他们带来了极大的困扰，甚至产生了心理上的厌恶。

最后，改变少数民族族名和首领的封号。由此，边境冲突便日益加剧，不仅损耗了大量的人力、物力，还致使边疆百姓不得安宁，当真是得不偿失。

古人讲，天时、地利、人和。王莽改制时，天时对他很不利。为何如此？因为当时是中国历史上自然灾害最严重的阶段之一，干旱、蝗灾、瘟疫等灾害严重危害到百姓的生活。在这个时期推行的王莽改制，不仅没有改善西汉末年的各种问题，更是导致了问题扩大化。到了王莽末年，物价上涨，每斛米竟然价值一斤黄金，加上天灾，百姓们流离失所，甚至出现了食人的现象。试想，这样悲惨的生活，人们怎能忍受得了呢？揭竿而起在所难免。

最终，起义军在全国范围内迅速崛起，于地黄四年（23年）十月初一，攻入长安城。

乱世枭雄——魏武帝曹操

"滚滚长江东逝水，浪花淘尽英雄。是非成败转头空，青山依旧在，几度夕阳红。"

这是明代文学家杨慎所著《廿一史弹词》第三段《说秦汉临江仙》的开场词，也是电视剧《三国演义》的主题曲。

每当这首歌的旋律响起，脑海中是不是会浮现出独属于三国的英雄人物？

《三国演义》作为一部深受人们喜爱的著作，人们对曹操已是非常熟悉。

"宁教我负天下人，休教天下人负我""挟天子以令诸侯"等，都是三国演义中所刻画的曹操的形象。所以，"奸雄"这个词就成了大多数人对他的定位。

但是，翻开史书会发现事实并非如此，这并不是真正的曹操。

曹操，字孟德，小字阿瞒，汉族人，沛国谯县（今安徽亳州）人，是东汉末年著名的军事家、政治家、诗人、书法家。

曹操的发迹是从镇压黄巾起义开始的。当时，他通过收服黄巾军降众扩大了军事力量，从而在全国诸侯中崭露头角。之后，通过"挟天子以令诸侯"，以汉天子的名义东征西讨，对内先后打败了割据势力袁绍、袁术、吕布、刘表、韩遂等，对外降服了乌桓、鲜卑等民族，最终统一了中国北方。而后，经过赤壁之战的挫败，曹操退回北方，从而形成了和刘备、孙权三足鼎立之势。

和当时很多割据势力不同的是，曹操的军粮都是自给自足。他采用屯田制，兴修水利，不仅解决了军粮缺乏的问题，还在一定程度上恢复了农业生产。他用人不重虚名，只要官员具备才能，能行法治，就可得以重用。他还打破了士族门第观念，抑制豪强，加强中央集权。不仅如此，曹操还精通兵法，闲暇之余还编写了几本书，如《孙子略解》《孟德新书》等。他还是一位很有才气的人，其诗歌在历史上非常著名，如《观沧海》《龟虽寿》等，既将自己的政治抱负充分抒发，同时还反映了当年黎民百姓所遭受的苦难生活。

综上所述，从军事、政治、经济方面，曹操都远胜于被他消灭的军阀。就他实行屯田制、兴修水利而言，就是袁绍等人所不能比的。而抑制豪族、重用贤能也在一定程度上促进了政治的清明。

其实，在宋朝以前，曹操在人们心目中的形象还是不错的。比如西晋陈寿在其所著的《三国志》中称曹操为"非常之人，超世之杰"。就连唐太宗对曹操都推崇备至，曾称赞曹操"以雄武之姿，当艰难之运，栋梁之任，同乎曩时，匡正之功，异于往代"。由此我们可以看出，在宋朝以前，无论是文人还是帝王，对曹操都是持正面评价。

但从宋朝开始就变得不一样了。当时，曹操在各位诗人、学者的笔下已经有了明显的转变。例如，朱熹在评说三国时期的历史人物时说："当时只有蜀先主可与有为耳。曹操自是贼，既不可从，孙权又是两间底人，只有先主名分正，故（诸葛亮）只得从之。"后来，在一些剧目中曹操的形象也逐渐被丑化。戏剧形象的丑化，让曹操在广大民众心目中的形象发生了彻底的改变。随着罗贯中《三国演义》的面世，曹操在人们心目中的奸雄形象就彻底定型，直到现在依旧如此。

是什么原因导致曹操的形象改变如此巨大呢？其实原因很简单，那就是民族矛盾。

基于宋朝和元朝的时代背景可以发现，在这两个朝代期间，汉族屡遭外族剥削和压迫。随着剥削的加剧，导致汉族人民的激烈反抗。而在这个时期，汉族人民自然会有"还我山河"的强烈愿望。由此，就出现了一些带有倾向性的文学作品。

三国故事作为一个优秀、脍炙人口的剧本，毫无悬念地被文学爱好者利用。基于当时的时代背景，作为汉室宗亲刘皇叔，理所当然地成为想要匡扶汉朝的英雄。而曹操因为挟汉朝天子以令诸侯，就由以前的正面形象转变成一个残暴的统治者。

对曹操进行客观的评价，需要抛开《三国演义》中的文学塑造和儒家正统观念的影响，从历史事实出发，全面分析其功过与影响。

有仁德之心的皇帝——蜀汉昭烈帝刘备

随着《三国演义》在民间的广泛流传，如果让人们在中国历代帝王中评选出史上最爱哭的皇帝，相信蜀汉昭烈帝刘备一定会题名榜首。相信看过这本小说，或是看过《三国演义》电视剧的人，都会对刘备的哭戏印象深刻。据不完全统计，刘备在《三国演义》中哭过二三十次，"哭"已经成为他一生中不可缺少的一部分。俗话说，男儿有泪不轻弹，只因未到伤心处。刘备的哭绝对是碰到了痛处，如关羽之死、张飞之死、白帝城托孤等。但无论如何，每次哭都是有原因的，每次哭都有效果，通过哭得到了民心，通过哭让有才之士愿意为他效命，通过哭让自己得以数次脱身、化险为夷。

清代史学家章学诚评价《三国演义》"七分实事，三分虚构"。但翻阅史料，会发现对于刘备"哭"的事件，《三国演义》中几乎是完全虚构的。根据西晋史学家陈寿所著《三国志》的记载，在描写刘备时，未有一个"哭"字。不仅如此，甚至还有"喜怒不形于色"的描述。也就是说，刘备的性格是属于沉默、内敛型的，经常在外人面前啼哭显然不符合他的性格。

但这并不是说刘备一生中从未哭过。北宋史学家司马光编著的《资治通鉴》中就记载了刘备两次哭泣的史实。第一次是在 201 年，当时刘备来到荆州投靠汉室宗亲刘表，在一次宴席上，去茅厕时发现由于长期没有骑马的原因，大腿内侧长了很多肉。从而感慨时光飞逝，自己却一事无成，不知不觉间潸然泪下。另一次是在 208 年，刘表病死，荆州大乱，刘备念及旧情，不忍心在此时夺取刘表的领地，只好引兵离开，当大军路过刘表的坟墓时，不禁流下了悲壮的眼泪。

《资治通鉴》中，刘备的两次哭泣都与刘表有关，而《三国演义》中刘备的多次痛哭，在《资治通鉴》中却全无记载。也就是说，《三国演义》中刘备的哭泣基本上都是罗贯中凭空编纂的，虽然很好看，却不真实。

三国是一个英雄汇聚的时代，如被称为乱世之奸雄的曹操、被封上神坛的诸葛孔明、江东的英雄才俊周瑜、忠义无双的关二哥等。正是因为有了这些人物的存在，三国才会如此动人心弦，精彩绝伦。当然，刘备也是众多英雄中的一个，而他除了留给人们爱哭的印象之外，还具备何种特质呢？

与曹操、孙权相比，刘备的出身是非常贫寒的（所有人都知道刘皇叔是卖草鞋出身）。可能正是因为这个原因，致使刘备更能懂得民间疾苦，所以在行事时更多考虑的是百姓。而这一点是很多成长在封建家族中的人无法做到的。如孙权，在他执政期间，东吴经常发生民乱，而蜀汉就很少出现这种情况。

不仅如此，刘备的领导才能也是十分高明的。他礼贤下士，用平等的眼光来看待所有人，从而吸引了一大批愿意为他卖命的人，如关羽、张飞、诸葛亮、庞统等人。正是有了这些人的扶助，他才能从一介布衣平步青云，最终成为一代帝王。

对于善于用人的领导而言，通常也是善于发现人才的。刘备就是一个很好的伯乐，他独具慧眼，在茫茫人海中发掘了众多人才为他所用。如庞统、邓芝、马忠等人，都是刘备和他们交谈后，认为他们是人才，才得到重用。还有，刘备临终前曾和诸葛亮说："马谡言过其实，不可大用，君其察之。"可诸葛亮在刘备死后，对他的告诫不以为然，在第一次北伐时让马谡担当重任，最后却痛失街亭，导致了第一次北伐的失败。从此可以看出，刘备的识人之能绝非一般人可比。

识人之后，就是招纳。对于人才招纳，刘备通常打的是"仁义"的旗帜，比如他"三顾茅庐"请诸葛亮出山，就已经传为一段千古佳话。当时，身为豫州牧的刘备听徐庶、司马徽说诸葛亮是一个很有才能的人后，就带着关羽、张飞来到卧龙岗，邀请诸葛亮出山辅佐他成就大业。但可惜，当时诸葛亮有事外出，并不在家，刘备也只能乘兴而来、败兴而去。过了不久，刘备又带着关羽、张飞冒着风雪来到这里，但不承想诸葛亮又不在家，外出云游去了。无奈之下，刘备只能留下一封书信，表达了自己对诸葛亮的钦佩及想要他出山辅佐的意愿，然后离去。就这样过了一段时间，刘备在连续吃素三天之后，准备再次前去邀请。关羽说诸葛亮可能空有其名，不请也罢。张飞则说他一个人前去将他捆绑过来即可。刘备将张飞呵斥一顿，然后第三次前往卧龙岗。当他们到时，天已晌午，诸葛亮正在午睡。刘备为了不打扰诸葛亮休息，便一直站着等到诸葛亮醒来，方才坐下与之交谈。皇天不负有心人，诸葛亮的一句"愿效犬马之劳"，成为刘备一生的转折点。

　　清代著名诗人、史学家赵翼《廿二史札记》中记载："亮第一流人，二国俱不能得，备独能得之，亦可见以诚待人之效矣。"事实也确实如此，刘备与曹操、孙权相比，对待属下更为诚恳。曹操、孙权对待臣下，不乏灭人三族之事，而刘备，却从无此事。也正因如此，本在天下间无立锥之地的刘备，才能得到各方英才的相助，最终与雄踞中原的曹操、拥有东吴的孙权三分天下，成就三国鼎立之势。

生子当如孙仲谋——吴帝孙权

三国时期，魏、蜀、吴三国鼎立，曹操、刘备、孙权分别是三国的领导者。三人中，曹操被世人定位为一代枭雄，刘备则是正义、道德模范的化身，那么孙权呢？他留给后人的是怎样的一个形象？好像很模糊，没有一个确切的定义。那么，就让我们回到三国，去揭开孙权真的面目。

孙权，字仲谋，生于光和五年（182年），吴郡富春县（今浙江杭州市富阳区）人。据说孙权是中国古代著名兵法家孙武的二十二世后裔。

孙权自幼文武双全，曾跟随兄长孙策南征北战，见过很多世面；他还博览群书，尤其在历史和文学方面，涉猎十分广泛。

孙权的父亲孙坚和兄长孙策都是了不起的人。当他父亲战死后，其兄在江东打下一片天下，被称为"江东小霸王"。当时，孙权偶尔也会为其兄出谋划策。这一点让孙策感到十分惊讶，因为他没有想到弟弟还拥有如此超群的智慧和谋略。可能是因为知道了弟弟的才能，所以每当宴请臣下时，孙策总是会对弟弟孙权说："你看这些文臣武将，以后都会成为你的臂膀，助你成就大业。"

天不假年，孙策的话真的应验了，但没想到来得如此快。孙策遇刺身亡，时年二十六岁。

在孙策临终前，将印信交给孙权，并对他说："如果论带兵驰骋沙场，你不如我；但是论知人善任、稳固江东，为兄就比不上你了。现在江东大任交付给你，你要知道父亲和兄长二人打下如此局面的艰辛，一定好好保护东吴江山。"除此之外，他还为孙权推荐了两个人，即周瑜和张昭。《三国志》记载，外事不明问周瑜，内事处理问张昭。

就这样，孙权在其大哥孙策去世之后，继承了吴侯之职。在他的辅政大臣中，除孙权推荐的周瑜、张昭之外，还有一个人不得不提，他就是鲁肃。如果非要形容，那鲁肃之于孙权，就好比诸葛亮之于刘备。与诸葛亮曾为刘备提出隆中对一样，鲁肃也曾为孙权分析过天下大势，史称"榻上策"。

"榻上策"的具体内容为：汉朝复兴无望，曹操定会成为我们的心腹大患，但在短时间内很难把他消灭。所以我们现在需要做的就是稳固江东，然后再伺机将长江两岸广阔的领地占为己有。最后，再打出帝王的旗号谋取天下。

孙权听取了鲁肃的建议，在江东稳固的基础上，伺机向外扩张领地。他第一个解决的是山越人，第二个解决的是割据在长江上游地区的江夏太守黄祖。

此后，孙权更加踌躇满志，为了能够使实力更为强大，他把目光放在了荆州之上。当他想要进兵时，曹操竟先他一步来到荆州地界。由此，便衍生了孙、刘联合抗曹，而史上著名的赤壁之战也一触即发。

当时，荆州牧刘表去世，荆州内部处于不稳定状态。鲁肃为了能够完成孙、刘联盟，历经艰辛才见到刘备。皇天不负有心人，刘备、诸葛亮也有相同的想法，联盟一拍即合。当诸葛亮和鲁肃来到江东后，综合各方面对比了两方的军事实力，然后在周瑜的力主抗曹下，坚定了孙权的抗曹决心。最终，在一系列的计策下，曹操于赤壁大败，败走华容道，元气大伤，三国鼎立的局面基本形成。

在《三国演义》中，对诸葛亮、周瑜的描写过多，却忽略了孙权的重要性。但演义毕竟不是历史，总会有编纂的部分，就比如草船借箭的故事，其实并不是诸葛亮所想出的计谋，而是出自孙权之手。

222 年，曹操亲自率领大军南下来到濡须口，遭到孙权大军的阻截，无法前行。无奈之下，曹操便命令军队在这里安营扎寨，伺机而动。俗话说，知己知彼，方能百战不殆。孙权为了了解曹操水军的部署和实力，便亲身犯险乘大船来到曹军水寨附近视察。曹军发现之后，利用弓箭攻击孙权。只见万箭齐发，箭如雨下，落在了孙权的船上。幸运的是，孙权并没有受到伤害。但面向曹军的船身却因为有太多的箭落在上面而导致有所倾斜。随着落箭数量的增多，随时都有翻船的可能。在这紧急关头，孙权脑中灵光一闪，心生一计，下令调转船身，让船的另一面也接收乱箭。没过多久，这边船身所承受的落箭数量就与另一侧差不多了，而船也恢复了平衡。就这样，孙权凭借其过人的智慧，在安全脱险的基础上，还获得了大量的箭羽。后来，孙权又曾"视察"曹营，并且十分嚣张地令士兵大擂战鼓。这一点，令曹操手下的将士们十分气愤，但曹操怕再次上当，命令全军不可擅自行动。就这样，孙权将曹营参观了一番，然后才惬意而回。曹操也由此发出了"生子当如孙仲谋"的感慨。

所以，孙权才是"草船借箭"的出谋者。可惜被罗贯中如此移花接木，成了孔明的计策，实在是令人感叹不已。

历史上总会有很多相似之处，一些有为之君到晚年总会变得昏庸，如隋文帝，如唐太宗。这一点在孙权这里也得到了体现。早期的孙权以英明神武著称于世，深受各路豪杰的推崇。但到了晚年却来了个三百六十度大转弯，性情大变，独断专行、猜疑成性、滥杀功臣，昏庸形象跃然纸上。

吴嘉禾三年（234 年），孙权为了能够更好地监察各级官员，任用佞臣吕壹等人为中书校事。吕壹等人恃宠弄权，迫害了很多贤臣。致使朝野之上忠良大臣们敢怒不敢言，唯恐惹祸上身。即便是当时的重臣陆逊，也只能与其他贤良之臣私下议论。后来，因立太子之事，孙权以亲附太子的名义将陆逊的外甥顾谭、顾承、姚信等人流放外地，并多次派遣使者前去责骂陆逊。因此，陆逊忧伤过度，悲愤而亡。当年对陆逊的重用，到如今的妄加贬斥，形成了鲜明的对比。

不仅如此，孙权到了晚年，骄奢淫逸，更是如秦始皇一样，喜好神仙之术。他曾经数次派遣将领入海寻找仙缘，从而导致吴国内赋役繁重、刑罚残酷，百姓们苦不堪言，唉声载道。

俗话说，水能载舟，亦能覆舟。百姓如水，皇帝如舟。当时，陆逊曾上书，劝谏孙权以德治国，轻徭薄赋。但孙权不仅没有接受陆逊的建议，还为自己的残酷刑罚做辩护。种种表现，都和他早期的体恤民情有着天壤之别。

为何孙权在晚年时性情会发生如此大的转变？这是很多人都在思考的问题。答案很简单，其实质就是权力的变化，即角色的转变。

众所周知，早期的孙权虽然已经是东吴的实际掌权者，但当时东汉皇权依旧存在，所以他只能算是一方诸侯。但到了后期，随着东汉的灭亡，他开始从一方诸侯向君主转变。从"一人之下"的人臣到"天下唯我独尊"的帝王转变的过程中，孙权也逐渐从当初礼贤下士、虚心纳谏转变为后来的自以为是、刚愎自用。

孙权的角色由一方诸侯转变为皇帝，带给他的是权力的增加。但权力越大，他的焦虑就越严重。他焦虑什么呢？焦虑的是别人会威胁自己的统治地位。比如陆逊，出自江东大族，家世显赫，加上其为东吴所立下的不世功勋，终究会功高震主。由此，再看陆逊拥护太子孙和时孙权的反应，就一目了然了。总而言之，都是权力使然，虽然陆逊没有反叛之心，但也无法阻挡孙权的猜忌之意。所以，当陆逊含恨而终后，孙权选择威望较小、没有显赫家势的诸葛恪继承大将军之位，才能使其安心。

生于忧患，死于安乐。建立吴国之后，相比以前的连年征战，现在的政治环境要平和很多。所以在偏居一隅，足以自保的情况下，孙权转而将重心放在了整理内务上。日渐安逸的生活改变了孙权的雄才伟略，骄奢淫逸也在所难免。

纵观孙权的一生，用"双面人"来形容他，确实是十分贴切的。

残暴皇帝——后梁太祖朱温

朱温，开辟五代时期的第一帝，史称后梁太祖。

朱温年少时，家境非常艰苦。他的父亲早死，只剩下他和母亲，孤儿寡母，生活极为不易。

长大后，黄巢起义席卷全国。当起义军来到宋州之后，朱温毅然而然地加入了起义军，成为其中的一分子。

参加起义后，朱温的军事才能日益凸显，在战争中屡立战功，从军中无名的一个小士兵，上升到备受黄巢重视的猛将。

所以，当黄巢建立起"大齐"政权时，朱温被任命为东南面行营先锋使。当朱温将大齐政权的东南面稳定下来后，他又奉命来到长安西面阻击唐朝部队。而后，又被任命为同州防御使，并将同州攻下，独自统领同州一方。

胜败乃兵家常事，任何人都不能保证自己永远是常胜将军。当朱温驻守同州之后，遇到了人生第一位大敌——王重荣，屡次败在他的手中。战败的他只能向黄巢求救。但是，由于大齐政权内部混乱、腐败，朱温的求救信总是到不了黄巢的手中，而是被负责军务的孟楷拦截。

在感受到黄巢政权腐败、混乱的情况下，朱温接受了属下的建议，投降于唐朝。唐昭宗正是缺兵少将之时，朱温的投降让他非常高兴。唐昭宗任命朱温为左金吾大将军、河中行营招讨副使，并赐名为朱全忠。

"全忠"，顾名思义，就是让朱温一直忠心的意思。但世上之事，不如意者十之八九。朱温就像没有忠于黄巢一样没有忠于唐朝，而是彻底地背叛唐朝，覆灭唐朝。当然，这是后话。刚归顺的朱温，还是为唐朝追剿黄巢起义军立下了很大的功劳，被唐昭宗封为吴兴郡王。

黄巢覆灭后，昔日强盛的大唐王朝也名存实亡，天下不再是大唐的天下，而是各方节度使的天下。其中，朱温作为宣武节度使也是实力较为强大的节度使之一。在几年内，他先后消灭了秦宗权、朱宣、朱瑾等势力，成功控制了黄河以南、淮河以北的中原地区，成为势力范围最大的霸主。

唐天祐四年（907年）三月，朱温在唐哀帝的"执意"禅位下，经过几次"虚心"的谦让，"勉为其难"地坐上了皇帝的宝座，改国号梁，改元开平，以开封为国都，史称后梁。

纵观朱温的一生，有一个人在他生命中占据着十分重要的地位，这个人就是他的妻子张惠。虽然在史书上对张惠的描写并不多，但还是能够看出她在朱温取得成功的道路上发挥了重要的作用。

朱温是一个狡诈而又暴躁的人，但是在张惠面前却能收敛许多。除却朱温对张惠的爱慕之外，还有朱温对张惠的钦佩。这是因为张惠是一个贤惠而有谋略的女子，她在对朱温悉心照料的同时，还能提出令朱温无比佩服的计策。久而久之，当朱温遇到事情无法拿主意时，便会询问妻子。而张惠的分析总能令朱温茅塞顿开，找到问题的关键所在。

众所周知，五代时期是一个大混乱的时期，朱温本性本就极为狡诈，再加上外部环境的影响，致使他经常妄自猜疑部下，最终导致很多将士都惨死在他的手中。而他的这种行为，也势必会影响军队的团结。张惠对此心知肚明，所以她就尽最大的努力约束朱温的这种行为。

红颜薄命，当朱温即将建立后梁之时，张惠却染病去世了。张惠临死之前，曾对朱温说："你英武超群，有建功立业的雄心壮志，其他事我都很放心，但你有时冤杀部下、贪图美色让我很是担心。所以，你一定要谨记'戒杀远色'四个字。如果你能做到这四个字，我也就可以放心去了。"

张惠真是太了解自己的丈夫了，最后的告诫当真是入木三分。但可惜，当她去世之后，朱温却忘记了妻子的忠告，逐渐放纵声色，甚至越走越远。

举一个例子。

朱温的手下有位叫张全义的臣子。朱温称帝之后，有一年夏天来到他家里避暑。为了表示对皇帝的尊重，张全义带领全家老小拜见朱温。按理说，臣子如此敬重皇帝，皇帝也应当尊重臣子，但朱温却对张全义的妻子和女儿动了歪脑筋，竟然不顾君臣之礼，强行将张全义的妻女临幸了。

再举一个例子。

朱温手下的第一谋士，名为敬翔，很受朱温的重视和信任。当时，朱温将时溥打败后，将他的小妾也抢了过来。这位小妾妩媚动人，深受朱温的喜爱。凑巧的是，敬翔的夫人在这时去世了。由此，敬翔很伤心。为了让敬翔赶紧恢复心情，好为自己出谋划策，朱温就将刚抢过来的小妾赐给了敬翔。

按理说，把小妾赐给大臣，就该把目光从她的身上挪开。但朱温偏偏不是如此，他将小妾赐给敬翔之后，还时不时将她召到宫中侍寝。对于这种荒唐的事情，真是匪夷所思。

这两件事情放在哪个朝代皇帝身上都能使其遗臭万年，但朱温的荒唐程度远不止此。

朱温共有七个亲生儿子，按长幼顺序排列，分别是友裕、友珪、友璋、友贞、友雍、友徽、友孜。再加上一个义子友文，共八个儿子。其中，除了友裕早死、友孜较小，没有娶妻外，其他六子都有妻子。

不可思议的事情发生了。

当朱温的儿子们在外地浴血奋战时，他们的妻子却被朱温召到了宫中。朱温还美其名曰侍寝。

这种有违天和、有违伦理道德的事，朱温都做得出来，当真是无耻之至。

朱温如此荒唐行径，已经为他的结局埋下了伏笔。

朱温晚年病重时，想将皇位传给义子朱友文。因朱友珪的妻子经常在朱温的身边服侍，早在其周围埋下了眼线，从而得知了这个消息，她把这个消息告诉了朱友珪。他们夫妇二人认为如果朱友文做了皇帝，必定会杀了他们。

更匪夷所思的是，朱温为了让朱友文顺利登基，竟然下令将朱友珪支出洛阳，到外地做刺史。这让朱友珪害怕了，因为当时的朱温不仅生活奢靡，连猜忌心也随着岁数的增长而上升，凡是被他贬黜的官员都难逃被处死的命运。

当时，朱友珪是侍卫亲军之一控鹤军的首领。为了保住性命，也为了当上皇帝，他利用自己所掌控的控鹤军发动宫廷政变，顺利杀进了朱温的寝宫之中。

当朱温从梦中惊醒时，看到的是杀气腾腾的控鹤军和自己的儿子朱友珪。

这一刻，他明白了。

朱温的最终结局是："友珪仆夫冯廷谔刺帝腹，刃出于背。友珪自以败毡裹之，瘗于寝殿，秘不发丧。"被冯廷谔一剑刺穿腹部，然后朱友珪下令，在寝宫中就地挖坑，用床单一卷，将朱温埋了。

乾化二年（912 年）六月，朱温被其亲子朱友珪所害，终年六十一岁。

"伶人皇帝"——后唐庄宗李存勖

李存勖，唐朝末年河东节度使、晋王李克用之子。他出身于西突厥沙陀部，本姓朱邪，小名"亚子"，因祖父镇压庞勋兵变有功，被唐朝皇帝赐姓李，编入宗室谱籍。923年在魏州（今河北大名县）登基称帝，国号唐，史称后唐，为后唐庄宗。

众所周知，五代十国是非常混乱的时期，而李存勖能在那种环境下开创属于他自己的朝代，也是一个了不起的人物。

但是，一切都要在他称帝后发生变化。因为一个原先作战勇猛、谋略过人的李存勖，最终变为了一个"奇葩"皇帝。

为何这么说呢？ 其实这和李存勖的一个喜好有关。

少年时期的李存勖可以被称为少年英雄，文武双全、擅长骑射，还精通《春秋》。

除却文武之外，李存勖还精通音律，喜欢听戏、演戏。而这一点，也为他之后的荒唐人生埋下了伏笔。

但是，不得不说，称帝之前的李存勖还是非常优秀的。他的军事才能要远远胜过于他的父亲李克用，这一点从几件事中就可以看出。

当时，掌管幽州地区的是刘仁恭。他之所以能够掌管幽州地区，很大程度上是得到了李克用的全力支持。但是，"忘恩负义"这个词放在刘仁恭的身上是十分合适的。

滴水之恩，当涌泉相报，这是一个有良心人的做法，但刘仁恭好像没有良心。当李克用有难，向他请求支援时，他竟不管不顾。

后来，刘仁恭遭到朱温军队的围攻，竟然厚着脸皮向李克用求救。上次的事情还历历在目，结果可想而知，李克用坚决不肯发兵相助。

这时，李存勖就开口说话了："当今天下大势，能够和朱温相抗衡的，除了我们，就只有幽州、沧州了。如果幽州再被朱温拿下，那么以后我们的处境将更为艰难。做大事者不拘小节，现在他有难，我们去解救，他一定会感恩戴德，到时一定会归顺我们。此次是我们河东崛起的大好时机，绝对不能错过。"

李克用认为儿子言之有理，于是发兵解救幽州，成功阻止了朱温势力的扩张。

从此件事情来看，李存勖还是有谋略的。

后来，李克用去世，李存勖在承袭其父的爵位后，用计捕杀其叔父李克宁，将军权牢牢地掌握在自己手中。而后，李存勖凭借其出色的军事才能，破上党地区，起兵解潞州之围，从此威震河东。

就连李克用的老对手朱温都对他另眼相看，曾说道："生子当如李亚子，克用为不亡矣！至如吾儿，豚犬耳！"意思是生儿子就要像李亚子（也就是李存勖）这样的，李克用虽死犹生，而朱温的儿子们与他相比，都是猪狗不如啊。

在之后的几年内，李存勖伐刘仁恭，夺得幽州；征契丹，维持了北部边疆的稳定。不仅如此，他还在 911 年于高邑大败朱温五十万大军，威震天下。

接着，他破燕地活捉刘仁恭；九年后破契丹，驱逐耶律阿保机回北方。最终于 923 年消灭后梁，一统北方。登基称帝，顺理成章。

这些都是李存勖称帝前的丰功伟绩。仅凭这些功绩，当时天下人皆要望其项背。

但是，一切都到此为止了。一个能够带兵打仗的人，不一定适合当皇帝。这句话放在李存勖身上是再合适不过了，因为他的确不适合当皇帝。

前文已经说过，李存勖的一个喜好是看戏、演戏。而这是他当上皇帝之后的主要工作。

作为一个"戏迷"，李存勖的身边当然也少不了伶人。在这里，有三位伶人不得不提。

一号伶人，名为周匝。《伶官传》中记载，周匝是李存勖深为宠信的伶人，后来被朱温抓获。直到李存勖攻破后梁进入汴州之后，才将他解救出来。为了犒赏周匝的劳苦，李存勖特赐予他黄金玉帛。周匝对李存勖说："我之所以能不死，活到现在，都是陈俊、储德源的功劳，请陛下赐予他们两州作为报答。"

周匝的胃口着实不小，一开口就是两个州。但用李存勖的话说就是"你敢开口，我就敢给你"。虽然刚开始有些阻力，但最终周匝还是如愿以偿，将此二人扶上了郡县长官之位。

从此事可以看出，李存勖对伶人的宠信到了何种地步。

二号伶人。这位和周匝相比显得更加可恶，他的名字叫景进，是周匝的好友，被李存勖封为伶官之首。当时，伶人们仗着李存勖的宠信，在朝野间无法无天，以戏弄贵族大臣为乐。大臣们敢怒不敢言，有的官员甚至还反过来巴结伶人，用重金行贿，以保富贵。当时，景进在李存勖身边大进谗言，陷害忠臣，干预朝政，百官都很畏惧他。

万事无绝对，在伶人中也有好人的存在，这个人就是三号伶人敬新磨。和一号、二号伶人不同，他是一个正直且机智的人。

作为一个喜欢看戏，也喜欢演戏的人，李存勖还是很专业的，他给自己起了一个艺名，叫"李天下"。

有一次，李存勖演戏演得太过忘形，竟呼声大喊："李天下，李天下在哪儿？"敬新磨走了上去，直接甩了他一个耳光。这巴掌打得李存勖有点发蒙，而众人也愣住了，不可思议地看着敬新磨。只见敬新磨斥责道："只有皇帝才能自称李天下，你作为一个伶人竟敢大言不惭，想要谋反吗？"此话一出，把众人都逗乐了，而李存勖也转怒为喜，并重赏了敬新磨。

在伶人之中，像敬新磨这样的人实在是太少了，所以仅凭他们的力量终究无法改变李存勖。

当时，由于朝野间伶人当道，李存勖的后唐江山已经摇摇欲坠。

但最终给予他致命一击的，还是那些拥有兵权的功臣将领。

而发生这种事的原因便是李存勖听信伶人的谗言，冤杀功臣。郭崇韬、朱友谦等功臣，都是如此被杀害的。这样一来，朝廷中的功臣都惶恐不安，生怕下一个遇难的会是自己。不仅如此，当初帮助李存勖打天下的将士们，现在的生活也日趋窘迫，连妻儿的温饱都难以满足，怨气也由此滋生。后来，同样差点死在伶人谗言下的将领李嗣源，在将士们的拥护下，起兵造反，攻进汴京。

此时，李存勖慌乱了，连忙整合军队反击李嗣源。但可悲的是，现在的他早已不复当年的英勇，且已经人心尽失。路还没走到一半，士兵们已经逃走了一半。无奈之下，李存勖只好带兵返回洛阳，准备据城坚守。但令他没有想到的是，由他一手提携为指挥使的伶人郭从谦，竟然趁机发动政变，带领士兵火烧宫门，趁火势杀进皇宫。在一片混乱中，李存勖死在了乱箭之下。

纵观李存勖的一生，称帝前英勇善战、谋略出众；称帝后宠信伶人、冤杀功臣，最终导致他一手创立的基业毁于一旦，而自己也死于非命。

"儿皇帝"——后晋高祖石敬瑭

"靖康耻，犹未雪，臣子恨，何时灭！"

北宋靖康二年（1127年），刚刚征服了契丹的女真族铁骑便南下中原，一举踏碎了统治中原一百六十多年的北宋王朝。金军除了烧杀抢掠之外，还将宋徽宗、宋钦宗父子俘虏，带到了寒冷的五国城中坐井观天。此次事件，被称为"靖康之难"。

北宋之所以会被女真族所灭，有很多原因。除宋朝内部的腐败、联金抗辽的错误外交方针之外，还有一个很重要的原因，就是宋朝的地理环境不占优势。

一个国家想要强大，天时、地利、人和三种因素是非常重要的。但可惜，宋朝从建国时起就不具备"地利"的优势。

因为，作为中原天然屏障的燕云十六州早就不属于中原王朝了。

燕云十六州主要包括幽州（今北京）、顺州（今北京顺义）、儒州（今北京延庆）、檀州（今北京密云）、蓟州（今天津蓟州）、涿州（今河北涿州）、瀛州（今河北河间）、莫州（今河北任丘北）、新州（今河北涿鹿）、妫州（今河北怀来）、武州（今河北宣化）、蔚州（今河北蔚县）、应州（今山西应县）、寰州（今山西朔州东）、朔州（今山西朔州）、云州（今山西大同）。

燕云十六州是中原地区的天然屏障，地势险要，易守难攻。不仅如此，燕云十六州还是重要的粮食生产基地及战争资源的供应地。也就是说，守住这里就等于守住了中原。

唐朝时期，安禄山之所以敢发动叛乱，凭借的就是燕云十六州，因为这里是他的大本营。在这里，他拥有丰富的战略资源，并能够直面富庶但却没有防御体系的中原地区，这便是他的倚仗。

"安史之乱"后，虽然唐朝日渐式微，但燕云十六州依旧掌握在中原王朝的手中，直至一个人的出现，他的名字叫石敬瑭。

石敬瑭，后晋高祖，五代晋王朝的建立者。千百来年，石敬瑭的脑袋上都戴着两顶"金光灿灿"的帽子，一顶是"儿皇帝"，另一顶是"卖国贼"。

他为何被后人扣上这样的帽子？

其实原因很简单，石敬瑭为了一己私利，竟认贼作父，在比自己小十一岁的契丹主耶律德光面前自称"小儿"。脸皮之厚，实在是前无古人、后无来者。再者，他将"燕云十六州"割让给契丹，让中原的防线由原先的长城一带迁到冀中平原，从而导致中原无险可守，只能赤裸裸地暴露在契丹的军队之下，被动挨打。从此之后，北方游牧民族就可以借助地理上的优势，肆意长驱直入。而中原地区的百姓则开始了长达四百年的噩梦。

正是由此，石敬瑭才坐实了"儿皇帝""卖国贼"的称号。

石敬瑭之所以能够在当时崭露头角，很大程度上靠的是关系。首先，他的父亲石绍雍是后唐前期的大将，在朝廷有一定的资源。其次，石敬瑭娶了后唐明宗李嗣源的女儿，为当朝驸马，前途一片光明。

但石敬瑭在朝中和李嗣源的养子李从珂的关系很差，当时二人的势力不相上下，谁都不服谁。但谁曾想，李从珂之后竟当了皇帝。

死对头当了皇帝，那自己还有好吗？石敬瑭开始害怕了。刚开始时，他还能在李从珂面前低三下四、虚与委蛇一番，但时间越久，两人之间的矛盾就越大。如此，石敬瑭就只能在"被李从珂杀死"和"杀死李从珂"中选择一个了。石敬瑭选择了后者。

唐清泰三年（936年）五月，石敬瑭从太原起兵（和唐高祖的起点一样）。虽然身在乱世，但造反还是要出师有名的。石敬瑭的出师名义很有意思，那就是"李从珂不是后唐明宗的亲儿子，不配当皇帝"。

这可把李从珂气坏了，对于如此质疑自己皇位正统性的人，还有什么可说的呢？

李从珂任命建雄节度使张敬达为帅，率三万名精兵讨伐石敬瑭。

巧妇难为无米之炊，虽然石敬瑭的能力并不比李从珂弱，甚至还要强上一点，但军力确实不如他。怎么办呢？找外援吧。找谁呢？于是遗臭万年的事发生了：请称臣，以父事契丹，约事捷之后，割卢龙一道及雁门关以北诸州归于契丹。

在石敬瑭的手下有一个叫刘知远的部下，虽然他是一个沙陀人，但他的爱国情结和儒家思想却远远强过石敬瑭。他曾劝石敬瑭，割地、称子有点太过了，耶律德光比石敬瑭还小十一岁，石敬瑭怎么能做他的儿子？从古至今，雁北之地都是中原的屏障，如果割让给契丹，将来必定后患无穷，劝石敬瑭要三思。

但石敬瑭满脑子想的都是如何将城外的唐军打败，哪还管什么脸面和国家大义？无论刘知远如何苦心婆心地劝说，他都是左耳进、右耳出。最终那道求救的信还是到了耶律德光的手中。

收到信的耶律德光怦然心动，内心的喜悦无以复加。他让使者连夜赶回，告诉石敬瑭他马上率领军队南下助他一臂之力。

耶律德光为何如此高兴？

因为燕云十六州对他的诱惑力太大了。以前，由于燕云十六州的存在，耶律德光想带着军队进入中原都实现不了。但现在，燕云十六州有机会成为自己的领地，他能不高兴吗？

据说，当石敬瑭见到比他小十一岁的耶律德光时，认认真真地向他行了父子之礼。脸皮之厚，令后人叹为观止！

最后，在骁勇善战的契丹铁骑的帮助下，石敬瑭得偿所愿，打败了后唐军。

打败后唐军只是耶律德光来此的一项任务，他知道石敬瑭的最终目的是帮助他成为皇帝。于是，在一次酒足饭饱之后，耶律德光对石敬瑭说："儿啊，你父亲我会一点相术，我看你天庭饱满、地阁方圆，比李从珂强了不知道多少倍。你要是不当中原的皇帝真是对不起你的这副长相，对不起中原的百姓啊。这样吧，父亲我为你举行一个仪式，正式册封你为中原皇帝，如何？"

耶律德光的话句句都说到了石敬瑭的心坎上，石敬瑭心里非常高兴。但古代礼节还是不能丢的，三揖三让。这时，石敬瑭的部下们劝谏的话足以让石敬瑭的耳朵长茧子，甚至到了最后都摆出了"你要是不当皇上就对不起天下苍生"的架势。这么"充分"的理由都被部下们找到了，石敬瑭推不动了，只好"勉为其难"地答应了。

唐清泰三年（936年），耶律德光册封义子石敬瑭为中原皇帝，国号"晋"，改元天福。

耶律德光该做的都做了，那石敬瑭是不是应该有一点表示了？

石敬瑭的表示就是在称帝之后立刻兑现了自己的承诺，将燕云十六州割让给了契丹。他的表示给得很干脆，但中原老百姓以后的日子里就难过了。

耶律德光曾在诏书中说"朕永与为父子之邦，保山河之誓"，什么意思呢？我们可以这样理解：哪怕天塌地陷，我耶律德光和你石敬瑭的父子情谊都不会改变。

估计石敬瑭也没想到，当他去世不久，耶律德光就将他们二人的"父子情谊"抛到了一旁，用了不到四年的时间就将他建立的后晋王朝给毁灭了。更为讽刺的是，耶律德光的出发点正是石敬瑭割让给他的燕云十六州。

这种结局，若是石敬瑭泉下有知会作何感想。

明王朝的终结者——大顺帝李自成

朱元璋作为明朝的开国皇帝，是农民出身，深知土地对百姓的重要性，所以对土地问题尤为重视。他从两方面着手：一是通过设立法律条令，强行禁止地主进行土地兼并；二是设立"路引"制度控制（明朝时的一项规定，百姓不得随意离开自己住所的百里之外；如果必须离开，便需要官府开具一个类似于通行证的公文，即"路引"），让百姓不得随处流动。

俗话说，盛极必衰，明初时朱元璋的处理方式，让土地兼并问题得到了很好的解决。但随着时间的流逝，到了明朝中后期，土地又渐渐向地主集中。根据史料记载，朱元璋执政期间，天下老百姓所用田地总数为八百五十多万顷，但到了明孝宗执政时，百姓的可用田地足足少了一半，竟减少到四百二十二万顷。

百姓的人口增加了，土地却减少了，而朝廷的赋税又增加了。在这种情况下，越来越多的农民无地可种，流离失所。加上路引制度的控制，那些为了生计沦落到外地的百姓还会受到官府的追捕，于是，越来越多的流民出现了。

须知，流民是没有能力给朝廷交税的，但他们所需要交纳的赋税却没有消失，而是要分摊到其他农民的头上。于是，在苛捐杂税愈加沉重的情况下，又会有一部分农民成为流民。在这样的恶性循环下，流民的数量达到一定数量后，就会演变成农民起义。

土地兼并、流民并非不能控制，但偏偏明朝后期的皇帝一个比一个昏庸，比如整日荒唐嬉戏的正德皇帝、连续二十多年不上朝的嘉靖皇帝、打破嘉靖皇帝不上朝纪录的万历皇帝，再加上喜欢做木匠高于当皇帝的天启皇帝。接二连三的昏君出现，又如何能将这些隐患消除？ 当皇位传到崇祯帝时，大明王朝已经穷途末路，回天乏术了。

作为大明王朝贫困地区的陕西，一直都是社会矛盾的焦点。

为什么呢？

因为在明朝时，陕西地区土地贫瘠、生产落后，在全国范围内能够排进前三。即便如此，这里的赋税徭役却依旧沉重，再加上时不时还会发生天灾，老百姓的日子过得实在是艰辛。正因为如此，陕西便成了明末时农民起义的主要爆发地之一。

李自成就出生在这个土地贫瘠的地方。

本来"起义""造反"这些事绝对不会和李自成产生联系，但随着崇祯帝一道旨意的下达，将他的命运彻底改变了。

事情的经过是这样的。李自成当时是明朝的一位驿卒（负责传送公文），虽然地位不高，但好歹也是为朝廷办差的人。但没想到的是，由于驿站制度存在太多弊端，崇祯帝也想为国家节省银子，一登基就将全国三分之一的驿站撤掉了。很不幸，李自成就是那三分之一以内的人员。后来，失去了官职的李自成，还惹下了官司，无奈之下走上了起义的道路。

起义之路，任重而道远。李自成因为是刚参加起义，一无所有，所以只能投靠到别人帐下。刚开始，他加入了王左挂的起义军，但到了后来，王左挂被朝廷招降。而后，他又转投张存孟，继而又投奔自己的舅父"闯王"高迎祥。

崇祯八年（1635 年），众多起义军首领齐聚河南，召开"荥阳大会"，共议分兵定向之策。议后，李自成与张献忠攻克凤阳。之后，因二人不和，各自带领部队离去。

崇祯九年（1636 年），闯王高迎祥被杀，李自成被推为新任"闯王"，继续攻伐四方。

崇祯十年（1637 年），李自成在潼关南原中了洪承畴、孙传庭的埋伏，惨败，携残部十七人躲避于陕西东南的商洛山。

崇祯十二年（1639年），张献忠再次起义，李自成随之响应。

崇祯十三年（1640年），这一年是李自成崛起之年。他率领部队来到河南。这里发生了旱灾，到处都是灾民。于是，当李自成高呼"迎闯王，不纳粮"及"均田免赋"的口号后，得到了很多饥民的支持，他的队伍得到快速扩张。

崇祯十六年（1643年）十月，李自成攻破潼关，杀死明末著名将领孙传庭，占领陕西全省。

崇祯十七年（1644年）一月，李自成登基称帝，建国号"大顺"。并在同年攻破北京城，崇祯帝自缢于景山，明朝覆灭。

李自成之所以能够推翻明朝的统治，除明朝内部的原因之外，还在于他听取了身边谋士的建议，在河南时善待灾民、收复民心的举动。

但当他进入北京之后，就有了新的变化。

李自成进入北京之后，为了安心，立刻派手下寻找崇祯帝和周皇后。很快，他知道了崇祯帝和周皇后已经自缢的消息。于是，李自成命人用柳棺将崇祯和周皇后的尸首装殓，并放在东华门外。他的目的是想宣告天下：明朝已灭，现在是大顺王朝的天下。

但事情的结果却出乎他的意料。他的这种做法引起了百姓和明朝官员对逝去的崇祯帝无限的追思和哀思。

后来，清军入关之后，重新厚葬了崇祯帝和周皇后，从而大大降低了汉人对他们的敌意。对比之下，两种做法的高低立见。

明朝灭亡时，只有少数官员跟随崇祯帝自杀殉职，大多数的官员都选择投降李自成。但令他们意想不到的是，李自成竟会如此对待他们。

李自成对待这些降臣，不仅大肆侮辱，而且还把他们押到刘宗敏（李自成的一个手下）的府中，进行严刑拷打（为了让他们把口袋里的金银财宝"献"出来，据说，刘宗敏为了让这些降臣多献一点金银，还特意制造了几千套能把人骨头夹碎的夹棍）。

在这样的虐待下，李自成确实得到了可观的金银财宝。但李自成却不知道，他虽然得到了金银，却失去了更多的东西。

这些官员投降，无非是想换一个主子。但现在，不仅官职不保，还备受欺辱、荼毒，甚至家破人亡。在这种环境下，他们当然不会和李自成同心同德，而是盼望李自成赶紧灭亡。

不仅如此，当查完官员之后，大顺军队又把目光转向了别处。据史书记载，"青衿白户，稍立门墙，无幸脱者"。这样的情形，可想而知当时的京城是多么混乱。

当初，李自成之所以能够成功，是因为他高举"迎闯王，不纳粮"的旗帜，才得到百姓的信任。但来到京城之后的所作所为，却与其所喊的口号大不相同。人们不仅没有享受到想象中的待遇，就连最基本的生活都无法保障，可想而知李自成会落得怎样的下场。

当然，李自成的失败并不是因为百姓的憎恨，毕竟饱受大顺军队荼毒的百姓，起来反抗也是无济于事。他的失败与一个人有关，那就是吴三桂。

本来吴三桂是奉召回京勤王的，但是走到半道，京城就被李自成攻破了。吴三桂再三衡量，决定投降李自成，但没想到的是，李自成竟然在宣武门外杀死吴家一百余口人（还有陈圆圆一说，于是冲冠一怒为红颜），把吴三桂惹怒了，随即与李自成宣战。

如果只是李自成和吴三桂对战，李自成会胜。但令他没有想到的是，吴三桂已经投降了满洲人。满洲铁骑加上吴三桂的军队，李自成自然就不是对手了，再加上他事先没有防备，种种因素，都注定了他的结局。于是，当大顺军队从京城赶到山海关，和吴三桂激战一天一夜之后，清军的突然出现，致使大顺军队溃不成形，最终败退。

李自成之所以会在山海关败退，一者是因为不知道清军正在以逸待劳；二者是因为农民军进入京城之后，安于享乐，很多士兵都带着在京城掠夺的金银到山海关打仗。这种状态，怎么能对战事起到积极的作用？

李自成从山海关退败之后，农民军的纪律越加败坏。根据史料记载，"大肆淫掠，无一家得免者"。此种行为，让他彻底失去了民心。

李自成刚进入北京城时，百姓曾对他及他的农民军寄予厚望，却想不到是"期望越高，失望越大"的结局。于是，当李自成率领起义军退出京城时，百姓们痛打落水狗的戏码就上演了。不仅是在北京，连河北、山东等地，百姓们也是蜂拥而起，到处袭击大顺官兵。

正所谓，得民心者得天下，失民心者失天下。从此处看，李自成的失败也就在情理之中。

后来，清朝入关。顺治二年时，清军以红衣大炮攻破潼关。李自成败逃，而后一败再败，直至神秘消失。

李自成的生死至今都是一个谜，《明史》中也没有肯定的答案。千百年来，对他去世的原因有以下几种说法：

其一，李自成最后一次败退，身边只剩下二十几个人，当他们来到山中掠食时，被山民围困，无奈之下，只能自缢身亡。这种说法是清军统帅阿济格向朝廷奏报时所说，但却不是他亲眼所见。后人认为，李自成久经沙场，性格果敢，绝对不会选择以自杀的方式来结束自己的生命。

其二，李自成率二十几人外出，正好遇到村民修建城堡。村民们见他们人少，便上去围攻，李自成被锄头打中脑袋后身亡。后来，村民在他的身上发现了金印和龙衣，还有死者有一只眼睛是损坏的，所以便猜测是李自成。此种说法的可信度也很低，因为并没有说明村民为何和李自成发生冲突，存在很大的疑点。

其三，李自成率领十八骑来到九宫山。村民们误以为他们是山贼，登山往下扔石头将十八骑给砸死了。而李自成则独自和一个名为程九伯的人打斗。李自成毕竟是一个身经百战的人，程九伯不是他的对手，被李自成摔倒在地。当李自成想抽刀杀死他时，程九伯的外甥从背后猛击李自成的头部，身死。

除推测李自成各种身死的传说外，还有归隐说。

20世纪80年代，湖南石门夹山寺发现一座古墓。考古人员发现，这座古墓的主人奉天玉和尚和一般和尚不同，竟然是按照俗礼下葬，而非僧规。而且，他的下葬方式和本地习俗还大不相同。加上种种物证，最终得出奉天玉和尚很有可能是李自成的结论。

　　但这种说法还是存在颇多疑点。据考证，这位奉天玉和尚生前和官府的关系密切。但是，李自成作为一个陕西人，和本地口音截然不同，再加上他标志性的"独眼"，是非常容易辨认的。所以，这位奉天玉和尚是否是李自成还有待考证。

最后的斗争——清德宗光绪

清德宗光绪帝，名爱新觉罗·载湉，其生母为慈禧太后的胞妹叶赫那拉氏，其生父为道光帝第七子醇亲王。

同治十三年十二月（1875年1月），年仅十九岁的同治帝驾崩，没有留下子嗣。按照惯例，下一任皇帝应该从同治帝下一辈的近亲宗室中选出，但慈禧太后为了能继续掌权，不顾他人反对，选择了醇亲王的幼子，自己的外甥——爱新觉罗·载湉，担任大清王朝的下一任皇帝，而慈禧则为载湉的养母。当时，爱新觉罗·载湉年仅四岁。

光绪帝的一生大致可分为三个阶段：第一个阶段是少年时期；第二个阶段是亲政时期；第三个阶段是被软禁时期。

在大多数人看来，皇帝们所过的生活，应该都是锦衣玉食、绫罗绸缎、金口玉言、唯我独尊。但光绪帝的一生，好像并非如此。

年幼的光绪帝是孤独的。当他只身来到皇宫，任何事物对他而言都是陌生的。他每天面对的是烦琐的宫中礼节，面对的是慈禧喋喋不休的斥责。在这个冷漠的皇宫里，没有父亲、没有母亲，也就没有父爱、没有母爱。对一个年仅四岁的孩子而言，在生活起居中没有人对他细心呵护，最终导致了他身体的虚弱。

在野史中有一段描写光绪帝饭食的文字：皇上每日三餐，其饭食有数十种，摆满桌案，可离皇上稍远的饭食，大都已臭腐，连续数日不换。靠近皇上的饭食虽然并未臭腐，可经多次加热，已不能可口。

这和《崇陵传信录》中所记载的情况大致相似。试想一下，作为一国之君的光绪帝，竟受到如此的待遇，这在古代君王中是极为少见的。

眨眼间，光绪帝六岁了，到了上学的年纪。和同治帝相同，教他汉文的老师也是翁同龢。但和同治帝不同的是，光绪帝并不顽皮。他学习很用功，也很聪明，所以他的"学习成绩"很优秀。与同治帝十六岁时还不会作诗相比，光绪帝很早就可以作诗、写文章了。

通常，影响一件事物的因素大致可分为两类：一类是内部因素，一类是外部因素。据说，光绪帝之所以如此用功，除自身向学之外，还有外部因素的影响。

其一，光绪帝的老师翁同龢对他很好，这让处在深宫之中的光绪帝感受到了一份真情。所以，他认为只有好好学习，才是对老师最大的报答。

据说，有一次慈禧生病了，所有人都忙着伺候她，而作为皇帝的光绪帝竟无人照料。无奈之下，形单影只的小光绪帝只能自己铺床、倒茶，结果不小心将滚烫的茶水倒在了手上。热水烫在成年人的手上尚且起泡，何况是一个小孩子？翁同龢实在看不过去，就跑去大骂主管太监，为小光绪帝出头。翁同龢对光绪帝的关心，就这样深深地镌刻在他的脑海中。

其二，对于幼年的光绪帝，慈禧应该是他心中最害怕的人，因为她常常呵斥他，甚至用鞭笞抽打他。这导致光绪帝对慈禧太后的畏惧心理非常严重。据说，光绪帝每次面见慈禧太后，都会瑟瑟发抖。后来，光绪帝发现，好像自己只要用功学习，就能少挨一些骂，少挨一些打。于是，这也成了光绪帝努力读书的原因之一。

慢慢地，光绪帝十四岁了。众所周知，顺治、康熙帝都是十四岁开始亲政。按理说，慈禧太后应该将政权归还到光绪手中。但她的一句"再等等"直接将光绪帝的亲政时间往后推迟了三年。

当光绪帝十七岁时，慈禧已经没有理由阻止光绪帝亲政了。为了能够更好地掌控光绪帝，她将自己本家的侄女许配给光绪帝做皇后。就这样，光绪帝开始亲政了，但大清王朝的实际控制者还是慈禧。

在他亲政期间，中国主要发生了三件大事，其一是甲午战争；其二是《马关条约》的签订；其三是戊戌变法。

对于甲午战争，光绪帝始终都是主战的一方。他下令停止慈禧太后挪用海军军费修建颐和园，以此用来加兵筹饷。

想象是美好的，现实却是残酷的。光绪帝无论如何都不会想到，堂堂大清国会输给弹丸小国。败了就是败了，但失败的本质原因并不在他，而在于大清王朝的腐败。

甲午战争的失败，导致《马关条约》的签订。而《马关条约》的签订又深深刺痛了光绪帝。他在《马关条约》的批复中写道："痛除积弊，兴革自强"，表明了他想要振兴国家的愿望和决心。于是，在康有为和梁启超等人的反复上书之后，"戊戌变法"轰轰烈烈地开始了。

光绪二十四年（1898 年）四月二十三日，在经过慈禧的同意之后（是经过慈禧太后首肯之后），光绪帝颁布了"明定国是诏"，正式宣布变法开始。

在光绪帝的带领下，变法深入涉及政治、军事、经济、教育、官僚制度等各个方面。他对维新派的主要人物做了适当的人员安排，以确保变法的快速实施。就这样，在短短的一百零三天内，光绪帝发布了一百多条变法上谕。随着变法轰轰烈烈地展开，以慈禧太后为首的守旧势力，因害怕变法损害自身的权益而发动政变，"戊戌变法"失败了。光绪帝被囚禁于瀛台，政权又重新掌握在慈禧太后的手中。

在光绪帝的领导下，虽然戊戌变法失败了，但它作为中国第一次资产阶级改良运动，虽败犹荣。

接下来的岁月里，光绪帝基本上都是在被软禁中度过的。他的身体本来就不好，再加上暗无天日的环境，身体更加孱弱了。

八国联军侵华后，虽然光绪帝仍旧身在皇位，但已形同虚设，如同傀儡。当大臣上奏时，他不发一言。当慈禧执意让他表态时，他才会象征性地说上两句。

也许光绪帝已对这个腐败的朝廷充满了失望。

光绪三十四年（1908 年）十月二十一日，光绪帝驾崩，终年三十八岁。

光绪之死，本来是一件很正常的事，因为他的身体原本就很虚弱。但是，有一件事情的发生让他的死因变得扑朔迷离，悬疑顿生。这件事就是，统治中国近半个世纪的慈禧太后，在光绪帝驾崩的第二天，也随之而去了。

事情的蹊跷，时间的巧合，不得不让人们对光绪帝的死因产生怀疑。在诸多野史，或者宫廷回忆录中，都提到光绪帝并不是因病去世，而是被人下毒致死，但下毒之人却猜测不一。民国之后，根据曾服侍过光绪帝的御医所说，光绪帝生前身体并不是很好，主要是整日不见阳光、缺乏运动、心情抑郁，从而导致了他饮食不规律，但并没有重病的征兆。1980年，整理光绪帝的遗骨时，也没有发现中毒的迹象。于是，光绪的死因是自然病死就成为当时的主流观点。直到2008年，光绪帝去世百年之际，国家清史编纂委员会"清光绪帝死因研究"课题组正式宣布"光绪帝死于砒霜中毒"。

光绪帝最终是死于砒霜中毒，已经得到了证实，但是对凶手的推断却大不相同，没有肯定的答案。

其一，慈禧。根据《崇陵传信录》中记载，慈禧之所以下毒杀死光绪帝，是因为光绪帝在得知她已病危时微露喜色所致。慈禧为了避免光绪帝在她死后再度亲政，致使她死后不得安宁，所以就在自己临终前，将光绪帝杀死。

著名书法家启功是清朝后裔，他指出，他的曾祖父曾亲眼看到太监从慈禧宫中端出一碗优酪乳，说是太后赐给万岁爷的。碰巧的是，不久之后太医院就宣布光绪帝驾崩了。更为巧合的是，一天之后，慈禧太后也去世了。慈禧太后和光绪帝素来就有嫌隙，为何会在病重之时想起给他送去一碗优酪乳？而光绪帝为何又会在慈禧赠食之后去世？慈禧太后为何又会在光绪帝死后一天去世？

这些都能用巧合二字来概括吗？

其二，袁世凯。持这种观点的人认为，袁世凯在戊戌变法中倒戈，导致戊戌变法的失败及光绪帝十年的囚禁生涯。袁世凯害怕慈禧去世后，光绪帝重掌朝政，会降罪于他，于是就谋害了光绪帝。

但这种观点的疑点颇多。首先，当时的袁世凯已经开缺回籍，远在河南安阳，如何下毒？其次，就算袁世凯身在京城，但按照宫廷惯例，来自宫外进献的食物，都必须经人试毒，确定无毒后才能送入宫中。所以，即使袁世凯想下毒杀死光绪，也难以找到机会。此外，《清实录》中光绪帝的死因是病死，如果是袁世凯下毒杀死光绪帝，那么谁会为他进行粉饰呢？

其三，李莲英。裕德龄是曾担任慈禧太后宫前的御用女官，精通八国语言。在她所写的《瀛台泣血记》中提出，下毒杀死光绪帝的应是李莲英。但对于这种说法并无史料支持。而且，根据史料记载，李莲英并非影视剧或小说中那般作威作福，而是以"待上以敬，待下以宽"著称，甚至被囚禁中的光绪帝都多受其护助。所以，光绪帝是否被李莲英下毒杀死还有待考证。

第五章

亡国之君

愚蠢又残暴的皇帝——秦二世胡亥

胡亥，姓嬴，名胡亥，是秦朝第二位皇帝，也是秦朝的末代皇帝。

秦始皇一共有十八个儿子，胡亥是最小的那个。按理说，不该由他来继承皇位。因为他的众多哥哥都比他成熟稳重，更适合执掌朝政。尤其是他的大哥公子扶苏，无论是能力还是人品，都是有口皆碑的。在众人的意识里，扶苏才是当仁不让的接班人，不出意外的话，将来扶苏就是秦二世，至于胡亥，就老老实实地做个王爷吧。

但是，意外发生了。

公元前210年，秦始皇再次巡游天下。秦始皇是个爱出去看世界的人，原因有两点：一是要看看自己打下的这个幅员辽阔的王朝究竟有多大；二是身边的术士说南方有天子气，他要去镇压那股"天子气"。

在此之前，秦始皇就已经多次出游。他没想到，这会是最后一次出游。

他让左丞相李斯随驾，右丞相冯去疾留守。安排好各项事务之后，就带着大部队浩浩荡荡地出发了。小儿子胡亥表示也想跟着出去玩玩，秦始皇就答应了。

结果到平原津的时候，秦始皇突然大病不起。他感觉自己要不行了，就写信给长子扶苏，让扶苏赶快回咸阳主持他的丧事。但是信写好以后，并未发出，而是被宦官赵高给扣了下来。没过多久，秦始皇驾崩。由于赵高曾经教过胡亥写字和律法，算是胡亥的启蒙老师，胡亥很听他的话，所以赵高就说服李斯，跟他串通一气，秘不发丧，立胡亥为秦二世，伪造秦始皇的遗诏，赐死了公子扶苏。

胡亥，就这样在赵高的扶持下当上了皇帝。

这事完全是赵高一个人策划出来的阴谋，跟胡亥没什么关系。但是一个人如果听任别人对自己的安排和控制，杀死自己的亲哥哥，那这人要么是很懦弱，要么就是很残忍。

果然，胡亥即位后不久，就在赵高的唆使下，杀死了自己的十几个兄弟姐妹。将闾等三兄弟一向忠厚老实，胡亥实在找不到什么罪名去构陷，就派使者前去赐死他们。将闾对使者说："我们既没有违反宫中的礼节，也没有触犯朝廷的法律，没有任何过失，凭什么要赐死我们？"使者说："我也不知道，我只是奉命行事。"三兄弟听了很绝望，知道自己无处可逃，就拔剑自刎了。

死得最体面的是公子高。他看到胡亥把自己的兄弟一个个逼死，知道自己也难逃此劫，就主动给胡亥上书，表示自己愿意陪父亲殉葬，但要保全自己家人的性命。胡亥非常高兴，就赐给他十万钱。

清洗了自己的兄弟姐妹之后，胡亥又把毒手伸向了朝中的大臣。大将蒙恬和蒙毅手握重兵，且跟扶苏关系很近，胡亥就派使者把他俩都逼死了。右丞相冯去疾不愿意遭受侮辱，没等到胡亥的诏书下来，就自尽身亡了。

其实，胡亥做这些事，都是受赵高的指使。因为他一个二十出头的年轻人，没有任何的政治理念，在被赵高扶上皇位之前，都没怎么接触过朝政。他即便有一副歹毒心肠，也不会有这么快的动作，起这么重的杀机。赵高对他说："你年纪小，你的兄长那么多，不把他们除掉，你的皇位就坐不稳。大臣们看你年轻，也会在心里轻视你，所以要把那些不听话的大臣也杀掉。"

为了更好地架空胡亥，赵高又编了一通瞎话。他对胡亥说："当年先帝在位的时候，大臣们没有敢反对他的，是因为先帝在位时间长、威望高。现在你刚即位，没有威望，就不要跟大臣们商量朝政了，以免被他们看出你的弱点。"

天真的胡亥听信了赵高的话，从此以后很少跟大臣见面。他也乐得在赵高的摆布下逍遥快活地过自己的皇帝生活，而赵高正好借他的手除掉自己的政敌，杀死异己。两人算是实现了"双赢"。

赵高独揽大权后，担心大臣们会反对他，就想了个办法来试探。有一次上朝，他牵来一只鹿，对胡亥说："陛下，我献给你一匹马。"

胡亥哈哈大笑说："这明明是一只鹿，你怎么说是马？"

赵高说："这就是马。"

胡亥看他语气那么坚定，就问在场的大臣们。大臣们有的附和赵高说是马，有的说是鹿。事后，赵高便找理由把那些说是鹿的大臣全杀了。

这便是著名的"指鹿为马"。

赵高达到了自己的目的，可胡亥却迷惑了。那不明明是一只鹿吗？为什么大臣们都说是马？他觉得自己一定是得病了。于是找来占卜的给他算卦。占卜的乱说一通，说他是祭祀的时候没斋戒好，所以被神明惩罚了。胡亥就赶紧到上林苑去斋戒。

还有一次，胡亥在上林苑打猎时，把一个误入的百姓射死了。赵高就对胡亥说："天子杀了无罪的人，就会受到老天的惩罚。"胡亥很害怕，问赵高该怎么办。赵高就让他去别的行宫躲避。胡亥走了之后，赵高就在皇宫里行使皇帝的权力，过起皇帝瘾来。

胡亥整天什么好事都不干，一门心思地寻欢作乐。他觉得当皇帝真舒服，但是也担心会有人造反，就问李斯如何长久地享乐下去。他对李斯说："我听韩非说过，尧舜当年住的房子是茅草房，吃的是野菜；大禹治水时，累得大腿精细，小腿不长毛，如果当皇帝当成那样，还有什么乐趣可言呢？那肯定是穷酸书生们提倡的。当皇帝的富有天下，如果不享受，怎么有心思去治理天下呢？丞相你觉得呢？"

李斯知道胡亥一味地听赵高的话，知道自己就要失宠了，于是就顺着胡亥的心思，制定了一套更为残酷的制度来加强中央集权。李斯和韩非是师兄弟，都是师从荀子，学的法家思想。秦国的法律本来就很严酷，经李斯这么一弄，老百姓就更没有活路了。秦始皇在位时期，发动全国征夫修建长城和骊山皇陵，老百姓早已经苦不堪言，怨气冲天，当时是畏惧秦始皇而敢怒不敢言，现在胡亥继续压榨人民，终于引发了农民大起义。

事实上，胡亥即位的那年秋天，就爆发了大泽乡起义。但是胡亥根本不相信，他只喜欢听好话。使者从东方来，告诉他关外有人造反，他就把使者关到牢里治罪。下一个使者学聪明了，说那只是一群贼，被地方官给抓住了，他就很高兴，重赏使者。同时赵高也不断地蒙蔽他，给他传递假信息，让他继续在无知中享乐。

直到起义军进了函谷关，兵临咸阳，他才慌张起来，才意识到事情的严重性。他听从章邯的建议，大赦天下，把骊山的劳工组织起来，交给章邯带领。由于劳工们整日劳作，身体强壮，再加上秦地民风彪悍，秦国的法律对战场上杀敌的士兵有很高的奖励，因此章邯所率领的这批由奴隶组成的军队很快就击败了农民起义军，并且一路打出函谷关，还杀死了楚军的领导人项梁。后来被项羽破釜沉舟击败，章邯投降了楚军，秦军才一败涂地。

没有了章邯，秦朝的江山岌岌可危。沛公刘邦进入关中后，胡亥开始责怪赵高。赵高害怕被诛，就决定先下手为强，派自己的女婿阎乐带领一千多人冲进望夷宫，杀死了胡亥。

胡亥死的时候，年仅二十四岁，仅在位三年。后来被人以百姓的礼节埋葬。他死后，赵高立扶苏的儿子子婴为皇帝，子婴知道赵高其实是罪魁祸首，而且当年谋害了他父亲，就把赵高给杀了，然后投降了刘邦，后被项羽所杀。秦朝宣告灭亡。

傀儡皇帝——汉献帝刘协

"东汉末年分三国，烽火连天不休"，每当听到这首歌，我们的脑海中总会浮现起波澜壮阔的三国时代。那个时期，魏、蜀、吴三国鼎立，英雄辈出。在这场宏大的舞台剧中，曹操、刘备、孙权占据绝大的戏份，成为主角。有一个人，他本该凌驾在曹操、刘备、孙权三人之上，成为当之无愧的领衔主角，却被死死地束缚在舞台的一角，无法被灯光照亮，他就是汉献帝刘协。

刘协是东汉王朝的最后一位皇帝。作为帝王，刘协是可悲的，因为他的一生都不能掌握自主权，如同一个傀儡，一直被他人所掌控。董卓、李傕、郭汜、曹操、曹丕，这些人就像是刘协无法挥散的梦魇，牢牢把控着他的命运，令他窒息，且无法逃离。

其实，用误国之君这个词来解读刘协是不客观的。宋元之际的著名史学家胡三省曾这样评价汉献帝："刘协作为一个令人同情的末代皇帝，并不是昏庸无能之辈。归根结底，他只是一个傀儡皇帝，空有其名而已。"

所以，东汉王朝的葬送，不能强行安加在刘协的头上，毕竟他没有掌握实权。有心杀贼，无力回天。

和胡亥、刘禅等人相比，刘协的命运无疑是悲惨的。但和他们不同的是，刘协并非乐不思蜀、残暴无能之辈。在他的身上，不时闪耀出才智的火花。

十常侍之乱时，刘协和当时还在帝位的少帝刘辩逃出宫外，正好遇上董卓率领的三千铁骑。当时，年幼的刘辩面对此情此景，浑身战栗，口不能言。那些内侍太监和一众官员也是战战兢兢，唯恐惹祸上身。

这时，年仅九岁的刘协从众人中走出，问董卓："你是来劫驾，还是来救驾？"

董卓看见是一个小孩，不由一愣，说道："当然是救驾！"

刘协高声说道："既然你是来救驾，为何见了圣上还不下跪？"并指向刘辩，说道："这就是当今天子，你还不下跪！"

当时，年幼的刘协面对如此局面，竟毫无惧色。此种胆气，就已经远胜于很多人。

可能也正是刘协这次的所作所为，在董卓心中留下了深刻的印象，所以之后董卓才会立他为帝。

俗话说，英雄出少年，少年时就有如此胆识的刘协，长大后如何能不英雄呢。但是，称帝之后的刘协，就像雄鹰被斩去了翅膀，永远无法高飞、无法翱翔。

190 年，董卓宣布废少帝刘辩，立陈留王刘协为帝，是为献帝，时年九岁。至此，刘协漫长的傀儡皇帝生涯开始了。

纵观汉献帝的一生，从九岁称帝开始被董卓控制，再到曹操"挟天子以令诸侯"，最后将帝位禅让给曹丕，整整三十一年，几乎一直处于被人掌控的阶段。也许，当他禅位给曹丕时，他的心情是愉悦的，因为他终于摆脱了这种当傀儡的日子。

在他死后，魏明帝曾率群臣亲自哭祭，谥号为孝献皇帝。根据他的谥号我们可以得出，刘协的聪明睿智得到了魏国君臣的认可。因为在谥法中，献的意思便是聪明睿智。

194 年，天大旱，百姓缺少粮食，饿死的人不计其数。汉献帝命令侍御史侯汶开仓济民。奇怪的是，灾区的情况并没有得到缓解，依旧有很多百姓饿死。汉献帝怀疑是侯汶从中作梗，于是亲自检验。他在大殿中分别用五升的米、豆熬粥，最后竟然煮出两大盆。和平时赈济饥民时的粥量相比，超出了太多。通过这种方式，汉献帝轻而易举地揭穿了侯汶克扣皇粮的行为。侯汶得到了应有的惩罚，而饥民也得到了救济。

在刘协的傀儡生涯中，有一段时间应该是幸福的。当时，刘协逃离了烽火四起的关中地区，来到了已经成为废墟的旧都洛阳。在几个月时间内，刘协把宫廷安置在原大太监赵忠的一所破落院子里，每天吃的是大臣们从野外采摘回来的野菜。虽然日子过得很艰苦，但让刘协感觉很幸福，因为他喜欢现在的生活。在这座残破的洛阳城里，他找到了久违的成就感。在这里，他可以独自发号施令；在这里，他得到了久违的自由；在这里，他是真正的皇帝。这些，都是他梦寐以求的，尽管他的命令只局限于洛阳城。

为此，刘协正式改年号为"建安"。

多希望就这样持续下去啊！遗憾的是，当时的局势不会让刘协就这样持续下去。几个月后，实力已经壮大的曹操来到了这里。

挟天子以令诸侯，一个"挟"字，和刘协的后半生画上了等号。

在许昌的日子，刘协享受到了作为一个帝王应有的表面权威。但他并不满足，因为他清楚地知道这些只是曹操做的表面文章。为此，他尝试着摆脱"傀儡"的命运。

建安四年（199年），刘协任命岳父董承为车骑将军，并秘密写下衣带诏。他希望董承能够联络汉室大臣诸侯，联合铲除曹操。董承得到授命后，联络西凉马腾、左将军刘备，在官渡之战前夕发动兵变。但可惜，没有成功。

除此之外，刘协还曾授意自己的另一位岳父伏完筹划兵变，但同样失败了。

任何人做事，失败总是要付出一定的代价，刘协同样也不能避免。他的两位岳父都被灭族，其中也包括伏皇后、身怀六甲的董贵妃及两位皇子。

最终，刘协还是没能敌过命运，傀儡生活依旧延续，直到曹魏政权取代了汉王朝的政权。

争议极大的皇帝——隋炀帝杨广

隋炀帝杨广，隋朝的第二位皇帝，也是最后一位皇帝，隋文帝杨坚次子。如果要从历代皇帝中选择一个争议极大的皇帝，可能杨广的呼声是较高的。

据史料记载，604年到608年，短短四年的时间内，隋炀帝动用了五百四十多万民力修建大运河、长城、洛阳城，并西巡张掖，亲征吐谷浑，用厚利吸引西域商贾进入洛阳。又在612年，举全国之力攻打高句丽。最终导致民众不堪重负，发起民变。

在人们的心中，隋炀帝是一个穷奢极欲、好大喜功的人。但事实真的如此吗？

其实，隋炀帝也是一个胸怀大志的帝王。只是隋炀帝的性子太急，超过了百姓的承受限度。几项大工程，根本不是短短几年、十几年所能完成的。如果他能够把脚步放慢，给百姓一个休养生息的时间，然后一个一个完成，也不至于让老百姓怨声载道。

隋炀帝开凿大运河与隋炀帝游江都有密不可分的关系。大业元年（605年），隋炀帝下令开挖通济渠之前，就已下诏宣布要游历淮海，而且，当年八月通济渠和邗沟开通后，隋炀帝就马上沿着运河下了扬州。虽说隋炀帝有好大喜功的一面，但修建大运河也不能说全是出于他个人的情感或喜好，也与当时南方的政治稳定和经济发展等复杂的背景有关系。2014年，大运河被列入世界文化遗产，进一步彰显了其作为人类文明瑰宝的历史地位。大运河是一项利在千秋的伟大功绩，但是，当时修建大运河的过程太快，隋炀帝没有充分考虑到百姓的承受能力，导致大量百姓被迫参与工程，造成了民力的过度消耗，使百姓的负担极重，生活困苦。再加上隋朝严苛的法律，对于反抗或逃避劳役等行为惩处严厉，导致民众对朝廷心生畏惧与不满，加剧了社会矛盾。

西巡也是隋炀帝统治期间的重要事件之一，具有复杂的背景和多重影响，但西巡的目的不能否定具有个人动机，因为隋炀帝对西域的风土人情也怀有浓厚的兴趣，经常派使者前往中亚、波斯等地考察。

大业五年（609年），隋炀帝率大军从长安出发，经甘肃陇西，西上青海，横穿祁连山，再经大斗拔谷北上，最终达到位于河西走廊的张掖郡。

在这次出行中，隋炀帝遭受了暴风雪的袭击。当时，冻死了很多士兵，连随行的官员也大都失散。此次的西巡历时半年，到达青海和河西走廊。

隋炀帝的西巡，其目的是加强对西北边疆的控制。在西巡的过程中，通过接见西域使节，趁机宣示隋朝的强大和主权，试图恢复汉朝时期对西域的影响。虽然它巩固了隋朝在西北边疆的统治，促进了中原与西域的文化经济交流。从历史的角度看，西巡既是隋炀帝雄心的体现，也是其统治失败的缩影。隋炀帝在西巡途中携带大量中原物资，与西域进行交易，促进了丝绸之路的繁荣，使中原文化进一步传播到西域，同时西域的文化和物产也传入中原，丰富了隋朝的文化，但是，隋炀帝西巡途中携带庞大的随行队伍，沿途不断修建行宫，消耗了大量人力、物力。西巡的奢侈浪费和过度消耗国力，加剧了隋朝的经济危机和社会矛盾，为隋朝的迅速灭亡埋下了隐患。

隋炀帝不顾国力衰退、民生凋敝的情况下又于612年至614年三征高句丽，加剧了隋朝的统治危机和内部矛盾，最终导致隋末农民起义的爆发。

当年的高句丽，并非实力弱小，而是高度集权的军事政权。在四周小国皆已臣服的状况下，还时常侵犯大隋。这是隋炀帝为何要征集大军，讨伐它的原因。另一方面，隋炀帝也希望通过对外战争建立不朽功业，巩固自己的统治地位。但可惜的是，三征高句丽都失败了，不仅耗费大量人力、物力和财力，士兵也伤亡严重，百姓更是苦不堪言，社会经济遭到严重破坏。

爱填词不爱江山的皇帝——南唐后主李煜

唐朝覆灭之后，中国的大动荡、大分裂时期开始，这个时期被称为五代十国。在这个时期，有一个非常弱小的国家，全盛时才拥有三十五州的领地。但就是这个小国，却让后人永远记住了它，它的名字叫南唐。它之所以会被后人铭记，只因一个人与之紧密地联系在一起，他就是南唐后主李煜。

李煜出生于农历七月初七，这个被称为"七夕节"的日子。在如此浪漫的日子降生，是否早已注定李煜要给这个世界带来不一样的色彩？

李煜自幼在艺术方面就显示出极高的天分，他擅长书法、精通音律、诗文俱佳，词则尤负盛名。只要是稍有文化的中国人，对于李煜的词多少都会知道一些，如"春花秋月何时了，往事知多少""剪不断，理还乱，是离愁，别是一番滋味在心头""问君能有几多愁，恰似一江春水向东流"。

诸如此类，无论当时还是后世，无数人震惊于他的才华横溢。除他的才华之外，人们不禁要问，为何这般有才华之人会将祖宗基业付之一炬？难道李煜真的是只爱填词，不爱江山吗？

唐朝末年，黄巢义军席卷全国，连续攻破洛阳、长安。当时，趁势而起的朱温认为唐朝已没有存在的必要，从而废去了由他扶持的唐哀帝，自立为帝，定国号"梁"。至此，五代十国的时代正式开始。

五代十国时期，烽烟四起、战火连天，北方地区有后梁、后唐、后晋、后汉、后周你争我夺，南方则有十个小国林立对峙。而南唐属于南方的十个小国之一。

南唐的开国君主是李昪，李煜的祖父。他是一位有为之君，当政期间实行"休养生息"的政策，减免百姓的赋税，奖励百姓耕种。不仅如此，他还鼓励农民种植经济作物并鼓励百姓发展工商业，从而在五代乱世中，南唐还能国泰民安，粮食充足。

凡事都有两面性，虽然李昪在这方面做得很好，但有一项政策却对南唐后世产生了极坏的影响，那就是"保土安民"，永不谋求军事扩张。虽然这项政策的出发点是为了让南唐百姓避免战乱之苦，但是在如此动荡的年代，这个想法无异于斩断了南唐的翅膀，限制了它的发展。

在这个动乱的年代，如果不追求武力扩张，只求安居一隅，那就只能坐等别人将你毁灭。需要注意的是，李煜登基之后，这个策略依旧被沿袭了下来，而那时的南唐早已成为一头任宰羔羊，任由北宋将其宰割。

李昪死后，李煜的父亲李璟登基，是为南唐中主。李璟是一个性格温和的人，按理说是一个做仁君的好苗子。但他却有一个致命的缺点，那就是喜欢听别人说好话。可想而知，拥有这种性格的帝王身边只能聚集一批溜须拍马的无能之辈。

当时，在他的周围有五个人狼狈为奸、结党营私，把持败坏朝政，史称"五鬼"。朝廷上，有很多忠臣对这五人进行弹劾，但李璟却置之不理，甚至反过来将弹劾之人的官职免去。南唐的朝政正是在这样的情况下越发腐朽、黑暗。

当皇位传到李煜时，南唐已经千疮百孔，成为一个不折不扣的烂摊子。

随着多年的"保土安民"，南唐的势力范围没有变大，但外部势力却越发强横。而且历经中主一朝后，南唐的朝政也越发腐朽，南唐政权岌岌可危。不仅如此，南唐自中主李璟向后周称臣开始，就只能以劳军的名义向其上贡，动辄百万计。再加上时有战事，所需军费也是天文数字。各种花销，都令南唐国库日渐枯竭。后来，作为战略缓冲之地的江北十四州也被柴荣夺去。到李煜时，只要北宋军队渡过长江，南唐就将处于十分危险的境地。

即位初始，李煜曾努力给这个内忧外患的国家带来一丝改变。他励精图治、赏罚分明，为改变这个国家的现状努力着。

当时有一位名为韩德霸的金陵烽火使节（负责京城治安），经常仗势欺人，无故欺压黎民百姓。有一天，一位名为卢郢的国子监教授，为百姓们打抱不平，将他教训了一顿。韩德霸为了出这一口恶气，便来到李煜跟前哭诉，状告卢郢。但李煜明察秋毫，了解事情原委后，立即将韩德霸革职。后来，此事传遍江南，为百姓所称颂。

不仅如此，李煜还任用贤能，对于为国家作出贡献的臣子，都能得到李煜的重用。所以，在某种程度上，南唐朝廷上的腐朽之气得到一定的遏制，而国家也获得了短暂的安宁。

随着时间的流逝，安定的生活让李煜放松了警惕，即位之初的努力也随之消减。

李煜酷爱下棋，还喜欢琢磨制造纸、砚，不仅如此，他还对皇后情有独钟，每天纵情声色，游戏人间。种种行径，导致他荒废了政事。

就这样，李煜在悠游度日的同时，赵匡胤已经开始加足马力，加快了统一天下的步伐。

虽然结局早已注定，但当我们看到结局来临时李煜的行径，依旧令人感到可笑。当宋军突破长江天险，兵临金陵之际。李煜还在宫中与和尚、道士们谈经论道，丝毫不知外部的局势。这是多么大的讽刺。直至一天，他终于来到城墙之上，看到将金陵城包围的宋军时，才明白局势的严峻。慌忙间，只能赶紧派人对宋求和。面对如此苍白无力的求和，赵匡胤回复了一句流传千古的话，很简单，也很霸气："卧榻之侧，岂容他人鼾睡。"

开宝八年（975年），宋军攻破金陵城，原本打算自尽殉国的李煜，最终于最后一刻选择了放弃，与大臣一道出城投降。南唐灭亡后，赵匡胤念他曾经对宋称臣，就没有杀他，而是将他带到开封，封为违命侯。

李煜虽然被封为违命侯，实际上不过是一位被圈禁的亡国奴而已，虽然吃喝不愁，但毕竟没有了随心所欲的生活，再加上亡国之痛，从而使他在作词上达到了一种无人能及的独特境界，如"春花秋月何时了，往事知多少！小楼昨夜又东风，故国不堪回首月明中。雕栏玉砌应犹在，只是朱颜改。问君能有几多愁？恰似一江春水向东流。"这首《虞美人》一直流传至今，仍旧无人能望其项背。但也正是由于此首词中的"故国不堪回首月明中"，让宋太宗产生猜忌，命人赐其毒酒。

碰巧的是，这一天正是农历七月初七，李煜的四十二岁生辰。

纵观李煜的一生，作为一国之君，他确实不能称得上是一位明君；但如果作为一位词人，他的地位确实是无人能及的。当李煜泉下有知，自己在亡国后所填之词已经流传千古，不知会有何感想。

悲情皇帝——明思宗朱由检

新旧王朝交接之际，作为前朝的君主，一个亡国之君，总是会被新朝批得体无完肤，这样才能显示新朝的正统，如夏桀商纣。而朱由检作为明朝的最后一位皇帝，被抹黑的部分很少，相反，就某种程度上而言，还得到了后世君主的肯定，这种现象在古代是极为罕见的。

君非亡国之君，国是必亡之国！ 其实，自明孝宗之后的百余年中，历代皇帝一个比一个昏庸，喜欢玩的，整日不上朝的，甚至喜欢当木匠的，各种皇帝应有尽有。最后，当大明王朝传到崇祯帝（明思宗，崇祯是他的年号）手上时，早已千疮百孔。

在众多历史剧中，崇祯总是带有一种悲情色彩。当然，史实确实如此，所以用悲情来概括他，还是比较符合的。毕竟，大明王朝在历经数代昏庸的君主之后，终于迎来了一位想要大展拳脚的皇帝，是多么的不容易。但可悲的是，如今的大明王朝就如同一座快要坍塌的大楼，已经无法再进行修补。有心救国，却无力回天！

如果把历史上的各位皇帝做一个评比，评出史上最为节俭、勤恳的皇帝，崇祯帝肯定名列前茅。

崇祯帝真的很节俭。据说，他身上的衣服都是打补丁的。当然，崇祯帝身上的补丁和清朝道光帝身上的补丁不同，道光帝找人在衣服上打个补丁需要五十两白银，而崇祯帝则是找妻子打补丁，免费。

众所周知，崇祯帝的老祖宗朱元璋特别热衷于朝政，很勤劳，连丞相都撤了，所有事都由自己包办。这一点，崇祯帝足以和朱元璋相媲美，甚至犹而过之。他白天上朝，晚上批阅奏章，每天不眠不休地高强度处理国事，从未抱怨过累。

身体上累就累点，也没什么，但更痛苦的是崇祯帝还要饱受精神折磨。因为崇祯帝和朱元璋不同，朱元璋作为明朝的开国之君，虽也有烦心事，但却没有亡国之险，而崇祯帝则不同，虽然他足够努力，但却不能实现明朝的中兴，不能挽回最终失败的局面，不能改变自己成为亡国之君的事实。

现实，总是很残酷。

很多时候，当一个人知道自己最终的命运，却无力改变，但依旧要继续下去时，是不是人生最大的悲哀？

崇祯帝应该是知道的，他知道自己所做的各种努力，终究还是会失败。因为，他曾多次提到一个词，这个词也可以很好地概括他的一生，那就是"命数"。就像李自成从西安集结兵力，准备围攻京师前所发的檄文一般，"嗟尔明朝，气数已尽"。

就这样了吗？ 无法挽回了吗？

就这样吧！

于是，当外城被李自成攻破之后，思宗进行了最后的一场家宴。在家宴上，是怎样的一个场面，我们不得而知，因为史书上没有记载，可能是强颜欢笑，可能是悲痛欲绝，也可能是依依惜别。

总之，当家宴过后，后妃自缢，皇子逃生，而公主则由他亲手砍杀。

"为何生在帝王家？"

当思宗对着公主，自己的女儿，嘶吼出这句话时，是不是已经热泪盈眶了呢？

看似残忍，却是深爱。作为一个亡国的公主，如果落入敌人之手，会遭遇怎样的侮辱？

为了保护自己的女儿，作为父亲的崇祯帝也只能无奈地选择这种方式。

当完成这一切后，崇祯帝来到了煤山（现北京景山），身边仅有一人跟随，是贴身太监王承恩。他要为大明做最后一件事——以身殉国。

　　"朕自登基十七年，逆贼直逼京师。虽朕薄德匪躬，上干天怒，致逆贼直逼京师，然皆诸臣误朕也。朕死，无面目见祖宗于地下，自去冠冕，以发覆面。任贼分裂朕尸，无伤百姓一人。"

　　这是思宗自缢前写下的遗诏。

　　"任贼分裂朕尸，无伤百姓一人"——任你们分割尸身，只是不要伤害百姓。

　　一个皇帝在临死前想到的仍是自己的子民，相信如果是一个昏庸的皇帝是做不出这样的事的。所以，我们是不是可以把他称为明君？

　　对于崇祯帝而言，他的一生无疑是悲情的。因为他的勤恳，他的操劳，最终还是没能挽救大明王朝。

　　上几任皇帝，都在自己的穷奢极欲中度过，致使大明王朝千疮百孔，但最终的恶果却由思宗品尝。

　　时也命也。当人们已经渐渐地习惯皇帝的穷奢极欲、倦怠国事时，突然有一个全身心投入到国事上的皇帝出现，欣喜之余，还有一种心酸的感觉。不仅是为自己，也是为他。因为这个勤于政事的皇帝，终究摆脱不了命运的枷锁。当命运的车轮开始滚动，我们无法阻止它将大明王朝碾碎，这个崇祯帝为之奉献了十七年的王朝。

第六章

奇葩皇帝

昏庸无能的皇帝——晋惠帝司马衷

如果说，在历史上有哪位皇帝能够和蜀后主刘禅的别名相提并论，那晋惠帝司马衷为当之无愧的第一人。

晋惠帝司马衷，晋武帝司马炎次子，西晋第二位皇帝。

和刘阿斗不同，司马衷并不是扶不起，而是根本就没人扶。因为大家都知道，扶了也无济于事！这是因为司马衷情商、智商实在太低，甚至被人冠上"傻瓜""痴呆"等称号。

从遗传学角度而言，司马衷生来痴呆，实在是一件令人百思不得其解的事。从他的曾祖父司马懿、祖父司马昭，再到他的父亲司马炎，都是威名赫赫之辈，情商、智商都是超一流的人物。怎么到了司马衷就变了呢？难道是因为他的母亲吗？

他的母亲名为杨艳，出身名门贵族，杨文宗之女，史书记载，"少聪慧、善书、资质美丽。"从此处可以看出，司马衷的母亲也是一个聪慧人物，智商、情商绝对没有问题。

父亲、母亲都没有问题，那问题出在哪？

其实，我们只能用"不幸"二字来形容司马衷。因为司马炎和杨艳共有三子、三女，除长子早夭之外，其他儿女无论智商、情商，乃至长相，都没有问题。唯独司马衷与其他子女不同。

这种事件的概率微乎其微。但毕竟事实如此，这事儿恰巧就砸在了司马衷的头上。

那么，司马衷到底痴呆到何种程度呢？史书上记载着几件事情能够说明。

第一件事。有一年闹饥荒，晋武帝司马炎在大堂上和大臣们商议应该如何救助灾民。当时正在旁边玩耍的司马衷听说有百姓饿死时，就笑着说道："这帮百姓怎么这么傻，没有馒头吃，为什么不吃肉呢？"一席话毕，全堂哑然。司马炎也只能无奈地叹气，让人将司马衷带走了。客观地说，如果通过这件事就说司马衷不太聪明，理由是不充分的。因为司马衷作为太子，长期处于皇宫深处，不知民间疾苦，说出那番话虽然有点智障的嫌疑，但也情有可原。

第二件事。在一个风和日丽、阳光明媚的下午，司马衷来到了御花园中游玩。当时，他听到池塘中有蛤蟆在呱呱乱叫，就问身边的随从这是私蛤蟆还是官蛤蟆。意思是说，这些蛤蟆是官家的，还是私人的。估计司马衷身边的随从也习惯了这种问题，就回道："在官家地里叫的，是官蛤蟆；在私家叫的，是私蛤蟆。"司马衷认为随从言之有理，还赏了银子给随从。

如果说以上两件事情还不能说明司马衷的痴呆程度，那且看第三件。随着年龄的增长，司马衷到了该选妃的年纪。父亲司马炎为他选了妃子，但又怕司马衷不懂床笫之欢，就让自己的才人去侍奉他。谁承想，才人很快就怀上了司马衷的儿子。但是，司马衷除了会玩泥巴之外，智慧没有一丝长进，竟然连自己的儿子都不认识。有一次，司马衷在和司马炎一起吃饭的时候，司马衷三岁的儿子走了进来。司马衷竟然问道："这是从哪里跑来的孩子？"司马炎只能苦笑道："记住，这是你的儿子！"

试想一下，连自己儿子都不认识的人，是不是已经痴呆到了一定的境界？但是一个人从娘胎里出来就是这个模样，又能怎么办呢？

即便如此，虽然智力低下不是他的错，但是以他这种智商还让他当皇帝就是司马炎的不对了。试想，一个连儿子都不认识的人，如何来治理国家？一个让闹灾荒的百姓吃肉的人，如何处理天下大事？

难道司马炎不知道他的儿子是什么样的人吗？俗话说，知子莫若父，司马炎作为开创西晋王朝的一代君王，当然知道自己的儿子是怎样的一个人。其实，司马炎原本也没打算让司马衷当皇位继承人，曾有好几次废太子的念头。但这些念头都被一个女人压了下去。这个女人就是司马衷的母亲——杨皇后杨艳。

司马炎，也可以被称为"妻管严"。在某种程度上，司马炎是很"尊重"杨艳的。

杨皇后选美女有一个标准，对于太过妖艳、魅惑的女人一定不要，而只要身高体壮、端庄秀丽的女子。对于杨皇后的这种做法，可以理解。试想，作为司马炎的皇后，还得为皇帝选妃，不给他挑丑八怪就不错了。

有一次，司马炎看中了一位姓卞的女子。杨皇后看她姿色出众，风情万种，如何能同意？就说道："卞氏女三代为魏后，如今只是为妃嫔可是委屈了。"以此为理由拒绝了司马炎。虽然司马炎恨得牙根直痒痒，但最后还是没有招卞氏女子入宫。

和选美人一样，关于太子的问题，司马炎和杨皇后也有过几次争执。毕竟让一个智力低下的儿子当皇帝，司马炎也不放心，但在杨皇后的坚持下，最后换太子之事还是不了了之了。可能是因为杨皇后觉得对儿子有所亏欠，所以才想把她认为全天下最好的东西——皇位，传给他。

杨皇后千方百计地想让自己的儿子当皇帝，自以为是对儿子好，殊不知，正是这个皇位、这把龙椅，害惨了她的儿子。从某种意义上说，杨皇后的好心办了坏事，无论是对司马衷，还是对整个国家。

说到这，不得不提另一个女人，这个女人就是司马衷的大老婆——贾南风。"最毒妇人心"，这句话用来形容贾南风还是很贴切的。此女子心狠手辣、作风剽悍，而且长相奇丑无比，史书记载，贾南风身材矮小、面目黑青、鼻孔朝天，堪称"丑女无敌"。正是她，在晋武帝死后，在朝野间兴风作浪，从而导致了八王之乱。

很不幸的是，这位"丑女"便是由杨皇后做主钦定的儿媳。把自己的儿子推上皇位还可以理解，但为儿子找一个这样的媳妇就难以理解了。

晋武帝司马炎原本是想立卫瓘的女儿为太子妃的，但在杨皇后的坚持下，改为了贾南风。据说，是因为杨皇后是受了贾南风母亲的重金贿赂，才做出如此决定。估计，杨皇后之前也没见过她这位儿媳，如果见过，可能就不会有如此决定了。

除此之外，杨皇后怎么也不会想到，当她和司马炎去世之后，就是她的这位儿媳，调转枪口瞄准了杨家，而且是一枪毙命，绝不眨眼。如果杨皇后泉下有知，不知道会不会后悔莫及。

但时光不会停留，且不会倒流。当杨皇后和司马炎双双去世之后，司马衷称帝，是为晋惠帝。即位之后的晋惠帝果然不负痴呆之名，几乎不管政事，主要事务皆由悍妇贾南风管理。

贾南风对待权力欲罢不能。只要朝中有人对她掌管的权力有所威胁，她必然除之而后快。

贾南风首先瞄准的便是杨氏一族，再次便是在灭杨中立功的汝南王司马亮以及楚王司马玮，最后是太子遹（因为太子不是她所生）。贾南风的所作所为最终引起诸王的不满，从而酿成了八王之乱。贾南风最后也死于一杯毒酒之下。

而晋惠帝司马衷，也因此开始了颠沛流离的生活，今日被劫持，明日被"辅政"。最后在一个寒冷的冬天，他嘴里衔着一块吃了一半的大饼，突然暴亡。终年四十八岁。

"亲小人，远贤臣"的典范——宋真宗赵恒

诸葛亮曾在出师表中告诫刘禅"亲贤臣，远小人"，其实对于任何帝王，这句话都是有用的，因为一个皇帝能否任人唯贤，是检验其是否贤明的一大标准。不幸的是，宋真宗赵恒不是一位贤明的君主。相反，"亲小人，远贤臣"才是他的真实写照。

宋真宗赵恒，北宋第三位皇帝，宋太宗赵匡义第三子。本来，既不是嫡子，又不是长子的赵恒，是没有机会登上帝位的。但他很幸运，他的大哥发疯，二哥早死，致使他能够成为皇位继承人。

通常，一个人刚开始做一件事时，总是充满激情，干劲十足。但能够坚持下去的人，少之又少，当皇帝也是一样。

很多皇帝在即位之初，都能够严于律己，为天下苍生劳心劳力。但随着时间的逝去，他们就会忘记初心，慢慢滋生惰性，生活逐渐腐化，于是原本清明的朝政也就开始变得混乱。

宋真宗赵恒就是这样。

在他即位之初，任用贤能，勤于政事。为了减轻百姓的负担，将五代十国以来的赋税减免。并以身作则，注意节俭。因此，为国家的发展奠定了基础。当时，农业、手工业、商业都得到了迅速的发展，北宋进入了经济繁荣期，史称"咸平之治"。

值得一提的是，流传至今的《劝学诗》就是真宗所写，"书中自有颜如玉，书中自有黄金屋"彻底俘获了天下士子的心。

如果赵恒能这样坚持下去，是不是也能如唐宗宋祖一般，成为千古明君呢？

直到辽攻大宋的警报传入京城。

赵恒作为宋朝的第三代皇帝，和高祖、太宗骑马打天下不同，从小长在深宫，没有经历过战乱，所以骨子里总会带有害怕战争的情绪。当然，这种情绪也可以用懦弱来形容。

所以，当警报传入京城，传入他的耳中之后，惊慌是必不可免的。当他询问身为宰相的寇准建议时，得到了四个字的答复，那就是"御驾亲征"。

这个回答应该是宋真宗不愿意听到的，毕竟御驾亲征是存在风险的，而且风险极大。稍不留神，九五之尊就会变成辽国的阶下囚。

当时，心里可能在大骂寇准的宋真宗，在寇准的坚持下，不得不接受了这一建议，御驾亲征。

在此，我们可以把宋、辽双方的综合实力进行比较一下。

第一，人力、物力对比，宋远胜于辽。

第二，军事实力对比，辽军中再无如耶律休哥般能征善战之辈。

第三，辽攻宋，远途跋涉，不适合持久战。

综上所述，宋朝无论从哪个方面都占据着绝对的优势。所以，如果宋真宗能御驾亲征，势必会提升北宋将士的士气，战胜辽国也就不在话下。

当然，这一切都在按照寇准的预想进行。战场上，北宋将士们见到皇上的车架，斗志昂扬，很快就扭转了此前被动的局面。

消灭数千辽军，射杀辽军主将萧达兰。当时，辽国的萧太后看到辽军陷入被动，于是要求议和。

宋真宗的内心深处是希望立刻停止战争的，所以当辽国提出要求后，不顾寇准的反对，答应和他们谈判。

谈判的结果是"辽宋结为兄弟之国；宋方每年向辽提供银两十万两，绢二十万匹；双方于边境开展互市贸易"。

话说，当北宋使臣曹利用前去议和时，真宗许他"百万以下，皆可答应"。意思是说，如果辽要求宋每年给的"贡银"不超过一百万两，都可以答应。

而寇准则告诉曹利用："超过三十万，必斩汝头以谢国人！"意思是超过三十万，就斩下你的头颅向国人谢罪。

曹利用谈判回来后卖了一个关子，当真宗问起谈判结果时伸出三根手指。

"三百万？"初时真宗有一些惊讶，但随后自言自语道："用三百万来终结战争，也值了。"

当曹利用告诉他总共是三十万两时，真宗非常高兴，好像占了多大便宜似的。

史上把这件事称为"澶渊之盟"。对于它，后世人仁者见仁、智者见智，对比褒贬不一。有人认为，这为北宋的后世赔款求和起了一个不好的带头作用。也有人认为，利用这种方式，为北宋换取了百年的和平，并促进了宋、辽的经济文化交流，具有重大意义。

有句话说得好，"宁做太平犬，不做乱离人"，所以，对黎民百姓而言，澶渊之盟应该是正确的吧。

对于澶渊之盟，可以说各取所需，皆大欢喜。但是，有一个人却怎么也高兴不起来，他就是参知政事王钦若。当战争刚开始时，他曾极力主张迁都，但遭到了寇准的极力反对。之后更是被寇准放到战争一线的大名府做知府。从此，王钦若就对寇准怀恨在心。

对于王钦若，他的名声可能没有秦桧响亮，但论奸诈，却有过之而无不及。投机取巧、挑拨离间、嫁祸于人、阿谀奉承。各种小人行径都被他娴熟掌握，乃至灵活运用。

宁得罪君子，不得罪小人。试想，寇准被这样的小人怀恨在心，还愁不被人使绊子吗？

绊子终于来了。

王钦若的一句"准以陛下为孤注"，将寇准拉下了神坛，被贬到陕州（今三门峡市陕州区）当知州。

王钦若深谙真宗的心理，知道当时真宗御驾亲征是如何不情愿，而寇准这位逼迫皇上的人，当然是"罪魁祸首"了。

王钦若还对真宗说，大宋泱泱大国，竟然与辽签订城下之盟，实在是太耻辱了。

本来挺满意澶渊之盟的真宗，越想心里就越不是滋味。对于一个帝王，面子很重要。而澶渊之盟就好似一只大手，在真宗的脸上狠狠地甩了一巴掌。

丢了面子，必须找回来。王钦若赶紧给朕出主意。

"陛下再次御驾亲征，亲自讨伐辽国，让他们知道您的厉害。"

"百姓们刚刚过上安定的生活，朕不忍心再打扰他们了啊。"

"那您只能祭天祀土，封禅泰山了。如此必能臣服四海。"

"这个主意不错，就这样办了。"

但是，封禅不是随便都能封的，即使你是皇上也不行。除非天降祥瑞。可是，好好的老天怎么会降下祥瑞呢？那怎么办呢？人为制造吧！

宋真宗和王钦若相视对望，露出一抹狡诈的笑容。

就这样，宋真宗在一次早朝时告诉大臣们，有金甲神人降临他的宫殿，告诉他会降下三篇名为《大中祥符》的天书。

非常凑巧的是，就有宫人报告称在宫殿外发现黄帛一条，中间系有书卷。

于是，宋真宗就带领着大臣们去到那里，把黄帛取下。

结果不言而喻，当然和宋真宗所说一致。

当时，百官们有的相信，神情激动。有的不信，暗自摇头。

当然，无论百官是否相信，都无法改变"祥瑞天降"的事实。必要条件已经存在，时机已然成熟，封禅工作立即展开。

皇家出手，必定不凡。所以，场面是必须盛大。所以，花费之大也就可想而知了。修路、建行宫、制造仪仗、准备器物、祭祀用品……每一项的花费都是天文数字，但真宗都不在乎。

一切准备就绪之后，就开始烦琐的泰山封禅，此次封禅前后用时二十二天。过程是无味的，我们要知道的是，此次封禅花费了大量的银子就可以了。

不得不说，谗言的威力实在惊人。封禅一开，便如黄河决堤般，一发不可收拾。试想一下，每天游山玩水、山珍海味的日子，怎么都比每天坐在龙椅上听大臣们说烦心事来得要好。

大中祥符四年（1011年）正月，宋真宗又开始了祭祀之旅，用时远超泰山封禅，为时六十六天。当然，白花花的银子也被花费掉了。

此番种种，都是宋真宗听信小人谗言的结果。到了宋真宗晚年时，他对王钦若、丁谓等小人更是亲近，在一年内三贬寇准。不得不说，"亲小人，远贤臣"在宋真宗的身上体现得淋漓尽致。

"睡王皇帝"——辽穆宗耶律璟

中国历史上,被冠以昏君、暴君、荒淫之君的皇帝有很多,但被冠以"睡王"之名的却只有一个,他就是辽穆宗耶律璟。

耶律璟,小字述律,辽太宗耶律德光长子,大辽皇帝,为辽穆宗。

历数中国古代皇帝,无一不是三宫六院,妃嫔无数。但耶律璟在这方面,却是古代皇帝中的一朵"奇葩"。他从来不近女色,甚至对女人有一种厌恶感。在他的宫中只有一位皇后萧氏,还是一个守活寡的,耶律璟从来都没有碰过她。作为一个皇帝,子嗣是很重要的问题。耶律璟的母亲为了能够延续香火,数次提出要他再立妃嫔,都被他拒绝了。甚至为了表示自己对女人的厌恶,耶律璟在生前就立下遗嘱,死后拒绝与皇后合葬。

不得不说,耶律璟真是史上众多荒淫皇帝的楷模。

当然了,不近女色并不是一件坏事,谁都有自己独特的追求,诸如断袖之癖之类。但如果他非得让别人与他一样,就是他的不对了。很不幸,耶律璟就是这样一个人。他不亲近女色,也不让自己身边的人亲近女色。

有一次,他身边的一个近侍因为多日没有回家,想念妻子,就偷偷跑回家与妻子相聚。后来这件事被耶律璟知道了。耶律璟很愤怒,为了一吐心中的怒气,他以近侍私归的名义将其妻子处死。

除不喜欢女人之外,耶律璟还有一个特殊的癖好,就是睡觉。看官们不要想歪,耶律璟不好女色,所以睡觉只是单纯的睡觉而已。

和其他人的睡眠时间刚好相反,别人都是白天工作,夜晚休息;而耶律璟则是夜晚喝酒,白天睡觉。所以在他的皇帝生涯中,白天通常是用来睡觉，而不是办理政务的。正因为此，他才有了古今帝王中唯一的"睡王"称号。

《资治通鉴》记载："契丹主年少，好游戏，不亲国事；每夜酣饮，达旦乃寐，日中方起，国人谓之睡王。"

除睡觉之外，耶律璟还十分嗜杀。和中原不同，当时的大辽并非只有嫡长子才能继承王位，成王败寇是大辽的生存法则。耶律璟即位之初，由于根基不稳，反叛事件接连发生，但都被他血腥地镇压了。在平叛之后，除几个血缘亲近的皇族血脉之外，其他相关人等都被杀死了。

耶律璟的杀人手段有很多，且非常残忍，如刺面、腰斩、炮烙等都是他惯用的杀人手法。据说，他的嗜杀是因为听信了巫师的谗言，巫师告诉他用男人的胆做药引能够制出延年益寿的惊天药丹。因此有很多人死在了这荒谬的谗言上。但后来，耶律璟认为巫师是在欺骗他，将巫师也乱箭射死了。

在史书上有很多耶律璟杀人的记载。

963年，正月，耶律璟连续喝酒九天，杀兽人海里；三月，杀养鹿人弥里吉，并斩其首以示众人；六月，杀獐人霞马；十一月，杀鹿人曷主。

964年，二月，将养鹿人没答等七人杀死；十一月，杀近侍于宫中。

965年，三月，杀近侍；十二月，因近侍私自回家，杀其妻子。

966年，正月，杀近侍两人；九月，重阳节大摆筵席之后，杀养狼人。

967年，四月，杀影人敌鲁；五月，杀鹿人札葛；六月，杀雉人寿哥、念古，鹿人四十四人。

此后，直至他去世，几乎每年都有杀人的事情发生，甚至随着他年龄增长杀性也变得越大。

可笑的是，这位嗜杀的皇帝竟然还常常劝大臣们进谏，告诉大臣如果是他醉酒时发出的命令一定不要执行。试想，对于这么一位喜怒无常、嗜杀如命的皇帝，有谁敢向他进谏？

每个人都有自己的兴趣，耶律璟也不例外，他的兴趣是游猎。对耶律璟而言，只要有了兴致，无论是在何时、何地，就要去游猎一番。他的游猎场所大多是在怀州（今内蒙古古巴林左旗林东镇），这里有几座山，如黑山、赤山、太保山，风景秀丽，猎物成群，是非常适合打猎的地方。

耶律璟喜欢喝酒，在游猎时更是必不可少的一个娱乐项目。俗话说，酒品看人品，耶律璟的人品绝对是不好的。他喝完酒之后，不去睡觉，而是喜欢找麻烦杀人。尤其是到了后期，身上的戾气变得越来越重。戾气变重，倒霉的就是他身边的侍从，只要稍有过错，就会死得很惨。侍从们整日提心吊胆，惴惴度日。

自耶律璟登基后，整日睡觉不理国政，再加嗜杀成性，导致辽国国势日益衰微，政治黑暗，经济凋敝，民间怨声四起。耶律璟知道自己不得民心，所以在出行时非常注重安全保障。在他停留的地方，一定会留下明显的标志，禁止闲杂人等通过。这样做的确大大提升了他的安全程度，但人算不如天算，耶律璟能够防范陌生人，却没有考虑到自己身边的人。

应历十九年（969年）二月，突然耶律璟来了兴致，再次来到黑山游猎。当然，到了晚上又是一场酩酊大醉。半夜时分，当他醒来问侍从要食物时因无人答应而大怒，声言要将做饭的人杀死。耶律璟的嗜杀已经深深印刻在这些侍从的脑海中，他们不甘心坐以待毙，于是几个近侍、厨子达成一致意见，以送饭做掩护，用一把平时杀鸡宰羊的菜刀将耶律璟杀死了。

一生杀人如麻的耶律璟应该不会想到自己会死在一把菜刀之下。

耶律璟在位十八年，终年三十九岁。

木匠皇帝——明熹宗朱由校

看官们注意了，史上做木匠活做得最好的皇帝即将登场。是的，这位正是明熹宗朱由校。

我们先来看一下明熹宗的简历。

姓名：朱由校

职业：皇帝

兼职：木匠（好像用在兼职的时间比较长）

文化水平：小学生（甚至不如）

只看这几项就够了，这就是明熹宗朱由校。一个未曾出阁读书便继承皇帝之位的人；一个把朝政丢在一边，而去做木匠活的皇帝。

可能大家会感到很奇怪，身为一国之君的明熹宗为什么文化水平连小学生都不如呢？

其实，这事真的不能责怪明熹宗。为什么这么说呢？因为他的长辈不给他受教育的机会。

原来，明神宗在位时不太喜欢朱由校的父亲（明光宗），老是想着废除他的太子之位。由此，也不想让他受到太好的教育，十三岁时才让他出阁读书。也就是说他是在十三岁的时候才开始读书、认字的。俗话说，再苦不能苦孩子，再穷不能穷教育。即使你再不喜欢自己的儿子，也不能不让孩子上学啊！明神宗不是一位好父亲，不是一位好爷爷，当然，他也不是一位好皇帝。

虽然明光宗很惨，但最惨的还不是他，因为他的儿子比他更惨。明神宗不待见自己的这个儿子，连带着孙子也不待见，他在世时，始终不肯立朱由校为太孙，也不肯让他出阁读书。当时，估计朱由校的父亲明光宗还在苦修学业，所以也没顾上自己儿子的教育问题。最终导致的结果就是一代文盲皇帝就此诞生。

这在整个明朝是绝无仅有的现象。可以想象，当明神宗、明光宗仙逝而去，驾鹤西游之后，大明王朝在明熹宗的治理下将是怎样的光景。

明神宗去世之后，朱常洛（即明光宗）即位。当时的明光宗肯定如何都不会想到自己的皇帝生涯会如此短暂，仅在位一个月就去世了。

于是，史上升官速度最快的人产生了，那就是朱由校。要知道，当时朱由校还没有被册立为皇太子，而就连书本长得什么样子都不知道，就这样连升几级（其实也没有很多级，也就是皇子到皇太子，再到皇帝），一举成为九五之尊。

虽然当皇帝很霸气，但也是尴尬，因为朱由校是一名文盲皇帝，所以在处理国家大事，看奏章时有点费劲。但总归还是有办法，朱由校为了能更好地办理政务，就带上一个助手在旁边阅读奏折，然后再做出决断。但大家都知道，皇帝都是很爱面子的，朱由校有时也会自尊心作祟，暗自强撑，由此便在朝野间闹出了很多笑话。

有一次，扶余、琉球、暹罗三国派使者前来朝贡。三国进贡的物品都极为贵重，如扶余进贡的紫金芙蓉冠、翡翠金丝裙；琉球进贡的温玉椅子、海马；暹罗进贡的五色水晶围屏、三眼鎏金乌枪。邦国来朝进贡，且进贡物品十分贵重，按照礼仪，明熹宗应隆重接待。但当使者献上写有汉字的奏章之后，识字不多的熹宗竟将奏章扔在地上，怒气冲冲地说道："外邦小国好没道理。"转身离去了。明熹宗的这种举动让三国使者好生郁闷，不知道哪里得罪了他。经过一番打探之后，他们知道了，原来当朝皇帝文化程度不高，识字不多。到了第二天，已经搞清楚状况的明熹宗再次召见使臣，但使臣已经没了往日的恭敬。从这年开始，外邦各国大都停止了进贡。

朱由校幼年时虽然贵为皇家子孙，却如同贫困儿童般不能接受良好的教育，最终导致了这样一个结果。明神宗、明光宗在九泉之下，不知会作何感想。

但需要知道的是，朱由校幼年虽然没有学到知识，但却学到另外一种技能，那就是木匠工艺。

明神宗在位时，皇宫内三大殿以及乾清、坤宁、慈宁三宫因遭火灾需要重建，再加上一些小的建筑需要修缮，导致宫内的修缮工程终年不断。当时，不用在学堂学习的朱由校，整天如幽魂般在宫内闲逛。在这种氛围的"熏陶"下，最终练就了一门高超的木匠手艺。

事实证明，小的时候不让孩子学习是不好的。作为一国之君的朱由校，从此时开始，就走上了一条不归之路。

路终究还是要走下去的，就如同时光不能停留一般。

当上皇帝的朱由校，终于可以一展"抱负"了。在木匠工艺方面，他确实是一位人才。他有很多的发明创造，例如当时木匠打造出的床具非常笨重，十几个人才能搬动，而且样式也非常普通。而明熹宗在琢磨一番之后，亲自设计图纸并亲自施工，最后打造出一张可折叠、移动方便，且样式美观的床，令当时的木匠折服。

他还喜欢用木材做一些小玩意。据说，明熹宗曾派内监将他所做的小玩意拿到市场上卖，受到老百姓的追捧，愿意花重金来购买，不得不说这是对他木匠工艺的一种肯定。

这些内容都可以说明明熹宗在木匠工艺方面是极有天分的。但可惜，他生在了帝王之家，并且成为一国之君。

要知道，作为一国之君，怎么能将自己的精力全部放在做木匠活上呢？

这样做，是不是对国家、对百姓的一种不负责任？

最终，明熹宗的这种行为，导致朝野间宦官当政，加速了大明王朝的腐朽。

皇帝变和尚，都是为了情——顺治帝福临

　　清世祖顺治帝，名为爱新觉罗·福临，清朝第三位皇帝，也是清军入关以来的第一位皇帝。他的父亲是皇太极，母亲则是《孝庄秘史》中的女主角大玉儿，即孝庄文皇后。

　　崇德八年（1643年）八月庚午，皇太极去世。幸运的福临在睿亲王多尔衮的扶持下登上了皇位，为顺治帝。当时，他年仅六岁。

　　由于太过年幼，当时的顺治帝只是表面上的皇帝，并没有掌握真正的实权。朝廷的真正掌权人为多尔衮。直到顺治七年（1650年），多尔衮逝世。

　　乾纲独断的时刻终于到了。

　　客观地说，顺治帝是一个不错的皇帝。在他亲政之初，由于年龄尚小，学问有限，所以阅读奏章时十分吃力。由此，他将"莫待老来方学道，孤坟尽是少年人"作为座右铭，奋发苦读。

　　和元朝统治者不同，顺治帝喜欢研读汉文典籍，孔子、朱元璋、朱由检都是他特别感兴趣的人物。而通过了解这些人物，他找到了自己的治国方略，形成了自己独特的治国思想。

　　众所周知，清朝是以满族为统治阶级的。而顺治帝作为第一位清朝入关的帝王，所面临的情况就是内地反清斗争连绵不绝。根据这种情况，顺治帝所采取的对策是努力推行教化，加强思想统治。比如他号召臣民尊孔读经，提倡忠孝节义。他还以身作则，亲自率百官到太学祭奠孔子，行三跪六叩礼。除此之外，他还下令表彰各省忠孝节义之人。

为了能够更好地做到满汉一致，他大力提倡尽忠尽节的道德准则。比如他要求满洲官员和汉官一致，实行"丁忧"制度。他还表彰明朝覆灭时为国家殉难的人，为他们追封谥号。他还为为国殉难的崇祯帝朱由检立碑，称他是一位励精图治的好皇帝，并追封谥号为"庄烈愍皇帝"。

通过这种方式，顺治帝成功树立起清朝忠孝节义的正面形象，从而极大地减小了广大汉人对清朝统治者心理上的隔阂，缓和了民族矛盾。

对一个帝王而言，如何能够更好地维护自己的统治是一个必须考虑的问题。而顺治帝为此付出努力的便是维护满汉和谐。除上文中所说努力推行教化、加强思想统治之外，他还重用汉官，提高汉官地位。而且，他还极力拉拢汉人地主阶级中的上层人物，如他将皇太极第十四女下嫁吴三桂的儿子吴应熊，以示对吴三桂的恩宠。

还有，在顺治帝掌权期间，他借鉴崇祯帝的遭遇，深刻地认识到只有澄清吏治，一个国家才能繁荣昌盛。所以顺治帝从吏治方面实施了一系列措施，比如反贪。

顺治帝认为治国安民首先在于惩治贪官，所以这一环节就成了澄清吏治的重中之重。他下令朝廷的上下官员，只要贪污超过十两，就要没收其家产。这种制度不可谓不严苛，但即使如此，还是有很多贪官肆虐于世。而这也让顺治帝非常恼火，后来，顺治帝更是将制度改为只要贪污超过十两的官员，就没收其家产，仗打四十大板，流放到西北地区。这种反贪力度不可谓不强，但可惜，顺治一朝仍旧没有将惩贪和澄清吏治完美解决。

世上万物都是相对的，有好的一面就必定有不好的一面，顺治帝也不例外。上文已经提到，顺治帝努力推行满汉一致，重用汉官，并提高汉官地位，这都充分说明了他的勇气和魄力。但他对于当时清朝政府"首崇满洲"的既定国策却从不试图改变。举一个例子，如果一个满洲官员和一个汉官之间起了很大的冲突，那顺治帝多半还是会支持满洲官员，而这就注定了当时不可能真正做到满汉一致。

还有，顺治帝作为一名青年皇帝，虽然胸怀大志、富于进取，但又同时存在刚愎自用、任性放纵的秉性，所以他并不具备从谏如流的特点。而这也是他为什么不能被称为一代明君的原因。当然，顺治帝也不是一介昏君。当他努力向前，有满汉一致的想法时，就已经对后世产生了极大的正面作用。

顺治帝从十四岁开始亲政，到二十四岁时宫中宣布其驾崩，总共执政十年。

对于顺治帝，很多人不清楚他的政治功绩，却对他的"痴情"了解甚深。

2003 年，一部名为《孝庄秘史》的电视剧火遍内地，让人们记住了剧中的顺治帝，一个为爱愿意放弃皇位，一个为爱想要跳出红尘的人。虽然影视剧不是历史，总会有编撰的成分，但他对董鄂妃的痴情确实是真的。关于情，古代众多帝王鲜有人能与他相提并论。他的一生中，共有十九个女人，但情有独钟的只有董鄂妃一人。无奈红颜薄命，顺治十七年（1660 年）八月十七日，董鄂妃因病去世。

人有悲欢离合，月有阴晴圆缺。当时光流逝，那个顺治帝最为疼爱的人，最终还是离开了世界。

顺治帝痛不欲生，为了悼念董鄂妃，他罢朝五天，并追封董鄂妃为皇后。

在历史的转轮中，有太多谜底至今仍无法解开。比如顺治帝最终是出家当和尚了，还是得了天花而亡？

董鄂妃去世仅两个月，清廷宣布顺治帝龙驭宾天。

有人说这是清廷的一种障眼法，顺治帝并未去世，而是因为董鄂妃的去世，看破红尘，最终削发为僧，皈依佛门。也有人说，顺治帝是得天花而亡，真的龙驭宾天了。

但各种谜底已经淹没在历史的尘埃中，没有一个正确的答案。也罢，就让它随风而去吧。